# NORMA PANTOJAS

DEJA LA QUEJA Y COMIENZA A SUPERARTE ¡YA!

# ¡DECÍDETE A TRIUNFAR!

**GRUPO NELSON**
Una división de Thomas Nelson Publishers
*Desde 1798*

NASHVILLE   DALLAS   MÉXICO DF.   RÍO DE JANEIRO

Editora en Jefe: *Graciela Lelli*

Diseño: *Grupo Nivel Uno, Inc.*

ISBN: 978-1-60255-642-3

Impreso en Estados Unidos de América

14 15 16 17 18 RRD 9 8 7 6 5 4 3 2 1

A TODOS LOS QUE COMO TÚ HAN DECIDIDO
CAMBIAR EL RUMBO DE SU HISTORIA; PARA
USTEDES, MI AMOR, ADMIRACIÓN Y RESPETO.

# CONTENIDO

# AGRADECIMIENTOS

*A mi esposo, Jorge Pantojas, quien superó su historia y ha sido un verdadero* triunfador que se ha ganado el respeto y la admiración de su familia y de quienes le conocen.

A Helen y Sixto Porras, porque han dado un magnífico ejemplo de lo que significa el verdadero triunfo. Gracias por fortalecer a las familias con el ministerio de Enfoque a la Familia, pero sobre todo por fortalecerlas con el ejemplo.

A Ismael Cala, por su bella amistad y la enseñanza continua de la importancia de saber escuchar.

Al doctor Enrique Bosh y su esposa Linda Bosh, porque en mi cumpleaños, sin saber que estaba escribiendo este libro, me alentaron a seguir adelante con una bella felicitación que ha sido el regalo más valioso y que no quisiera dejar de transcribir aquí por lo que representa para mí: «Tu positivismo ante lo negativo hace que los años en tu vida no te dejen huella. El tiempo pasa, fluye y corre de una manera vertiginosa, pero tú no permites que esto te afecte. Sabes lo mucho que te valoramos, y tanto Linda como yo te deseamos que el entusiasmo y el amor incondicional que nos das, Dios te lo multiplique una y mil veces».

A toda mi familia, quienes son el tesoro más preciado que Dios me ha regalado.

Agradezco a Dios y a todos los que han enriquecido mi vida con su ejemplo, su amor y sus palabras de sabiduría, a aquellos que me han amado a través de los libros sin conocerme personalmente y a los que me han escrito innumerables comentarios preciosos de afirmación que llevo guardados eternamente en mi corazón.

# PRÓLOGO

*Quien conoce a Norma sonríe, porque adondequiera que ella llega hay* alegría y buen ánimo. Pero quien se acerca más descubre a un gran ser humano y a una amiga incondicional.

Norma nunca está quieta, siempre está buscando cómo mejorar, pero sobre todo, busca cómo hacer grandes a quienes están a su lado. Solo basta con observar a su familia para descubrir que ella tiene mucho que decir.

Este libro es el reflejo de una persona que ha decidido compartir las lecciones aprendidas en el camino, eso que le ha hecho ser una mujer exitosa. Lo comparte de forma amena, vivencial y profunda a la vez. Nos lleva a realizar un recorrido por la vida y nos hace soñar. Bien lo dice Norma: «Todos tenemos una historia... ¡La diferencia está en cómo cada uno la vive!... Todos poseemos la capacidad de escoger y cambiar el rumbo que lleva nuestra historia, por tanto, todos podemos triunfar».

El éxito en la vida no es cuestión de suerte y tampoco lo determina el lugar donde nacimos ni las circunstancias que nos rodean, lo marca la forma en que encaramos la vida. Como ella lo indica: «La vida no es un casino en el que puedes ganar o perder, es un

taller en el que llegas a construir tu propia historia con las capacidades que Dios te dotó desde el momento en que te creó».

El éxito no tiene nada que ver con tener, sino con ser. De modo
que el éxito es conocer quiénes somos y aceptarnos tal cual somos,
lo que nos lleva a desarrollar nuestro potencial y vivir una vida con
propósito, disfrutando, siendo agradecidos y aprovechando las
oportunidades para ayudar a otros.

El éxito no se puede comparar: es único para cada persona.
Cada uno de nosotros tiene características diferentes y una misión
particular; cada uno de nosotros es irrepetible.

¿Quién tiene más éxito? ¿El que tiene un talento, el que tiene
dos o el que tiene cinco? ¡Ninguno tiene más! Porque Dios nos ha
dado a cada uno conforme a nuestra capacidad de administrar.
Cada persona tiene la proporción necesaria para alcanzar realización, satisfacción y para hacer grandes a los que le rodean. Todos
tenemos la misma oportunidad de multiplicar lo que tenemos,
diversificar las actividades y, sobre todo, el privilegio de realizar-
nos como personas.

Como el éxito tiene que ver con nosotros mismos, no somos
más exitosos cuando nos creemos mejores que otros, sino cuando
somos mejores que ayer y mañana, mejores que hoy. El éxito es
una conquista personal que se da cuando nos encontramos con
nosotros mismos en el desarrollo de nuestra inteligencia y nuestras
potencialidades. No es un lugar al que llegamos, porque una persona exitosa nunca llega, es alguien que está en conquista constante de su ser interior. Es el encuentro progresivo con nuestro propio
yo y con nuestro destino.

Se descubre mientras nos atrevemos a caminar y nos hacemos
preguntas existenciales importantes como: ¿quién soy? ¿En qué soy

bueno? ¿Cuál es mi inteligencia dominante? ¿Qué cosas debo superar? ¿Qué cambios debo realizar? ¿Hacia dónde me dirijo? ¿Qué relaciones debo sanar?

Se requiere determinación para triunfar en la vida y este libro le permitirá conocer el camino para descubrir cómo mantener viva esta decisión. Bien lo dice Norma: «La palabra clave para transformar cualquier relato amargo es *decisión*. Solo tú tienes la capacidad de cambiar tu historia. Solo tú eres responsable de ti».

En este libro, la autora abre su corazón para compartirnos historias con las cuales se identificará, porque todos hemos recorrido el camino del dolor y hemos sido capaces de levantarnos de nuevo. Hablando de ella misma dice: «A lo largo de mis sesenta y un años he sido una mujer feliz y he vivido a plenitud. Felicidad no es sinónimo de ausencia de problemas o de equivocaciones. Significa que he podido lidiar con los momentos en que la adversidad se ha presentado y he aprendido a sacarle provecho a los errores que he cometido».

Dios nos creó con un mapa interno, con una misión en la vida y con las cualidades necesarias para realizar el viaje con acierto y lograr la realización personal mientras caminamos. Por lo que una persona experimenta el éxito cuando tiene sentido de propósito en la vida, sabe a dónde se dirige, avanza hacia esa meta y ayuda a otros a lograrlo también.

Lo que pensamos determina cómo actuamos, cómo nos sentimos y cómo nos relacionamos con los demás. Por eso Norma invierte muchas páginas en ayudarnos a construir el pensamiento correcto: «El problema no está en lo que has vivido hasta ahora, está en tu equivocada manera de pensar, sentir y vivir que te sigue acompañando día a día duplicando la misma historia... ¡Atrévete!

Sustituye la queja por la acción y comienza a subir hacia la cima en la que la historia ya no tiene poder sobre ti, solo tú tienes todo el poder sobre tu historia. Así se llega a triunfar».

El miedo al fracaso nos detiene porque nos paraliza y nos roba la confianza, la esperanza, la fuerza y el tiempo. Ello se acrecienta cuando, además, le damos cabida a factores externos que nos minan, como la burla, el menosprecio y la descalificación, pues dejamos que estos nos definan. No dejemos que las personas con miedo definan quiénes somos: las opiniones de los demás son importantes, pero estas no pueden convertirse en nuestra principal fuente de inspiración.

Dios diseñó la vida para vivirla a plenitud, superar los obstáculos y atrevernos a soñar con cosas mejores. Todos tenemos el derecho de desarrollar nuestro potencial y vivir intensamente nuestra existencia. Por eso Norma afirma: «No podemos permitirnos de ninguna manera, terminar derrotados... Solo tú tienes la capacidad de cambiar tu historia. Solo tú eres responsable de ti».

El éxito no es para un determinado grupo de personas, ni para las de bella presencia; el éxito es un camino que recorremos, una historia por construir.

Estoy seguro de que disfrutarás la lectura de este libro. Decídete a triunfar porque «todos tenemos una historia» ¡Supérate!

Sixto y Helen Porras
Enfoque a la Familia

# INTRODUCCIÓN

*Todos tenemos una historia... ¡La diferencia está en cómo la vive cada* uno!

Sí, todos tenemos una historia, pero ¿por qué hay unos que superan los obstáculos y otros permanecen condenados al fracaso en las relaciones de familia, en sus finanzas y en todo lo que emprenden? ¿Por qué tantos hombres y mujeres terminan sus días repitiendo los mismos errores que les han estado condenando al fracaso? ¿Por qué continúan viajando por el mismo camino que les conduce al fracaso? ¿Por qué se conforman con vivir siempre en crisis si pueden llegar a la excelencia? ¿Por qué repiten lo que dice Filipenses 4.13 (RVR1960): «Todo lo puedo en Cristo que me fortalece» y, sin embargo, viven con un espíritu derrotado?

En mis años como consejera profesional, he escuchado todo tipo de historias y me he dado cuenta de que mientras muchas personas sucumben, otras vuelan hacia las alturas convirtiendo su historia de horror en una de superación. He visto a hombres y mujeres con grandes talentos que se los ha tragado la vida, y he visto a otros con menos habilidades y oportunidades, que cambiaron el rumbo de su historia y se convirtieron en triunfadores.

Todos tenemos una historia genética y familiar que comenzó desde que fuimos concebidos. No escogimos el lugar en donde íbamos a nacer ni a los padres que nos procrearían ni nuestra raza ni a nuestros hermanos. Tampoco pudimos decidir si seríamos hijos únicos, o si seríamos amados y aceptados. Nuestra opinión no fue tomada en cuenta ni tan siquiera para ver si queríamos venir a este mundo o si queríamos morir en un aborto. Nunca se nos preguntó acerca de las circunstancias en las que nos desarrollaríamos durante nuestra niñez ni la figura que deseábamos tener ni cuánto queríamos medir. Así que tú y yo llegamos a este mundo sin ser consultados para nada. Quiere decir que si no fuimos consultados fue porque hubo alguien superior a nosotros que lo determinó. Pero, no nos desalentemos, independientemente de las circunstancias que rodearon nuestra concepción, llegamos a este mundo porque Dios así lo quiso y tiene un propósito único, exclusivo y especial con cada uno de nosotros.

Ahora que ya Dios determinó darnos vida, somos libres para decidir lo que vamos a hacer con la historia que traemos integrada desde que llegamos a este mundo.

Si observamos y hablamos con las personas que nos rodean, nos daremos cuenta de que unas viven guardando gratos recuerdos de su niñez; otras superando las limitaciones y marcas que les dejó su pasado; mientras otras viven amargadas por el recuerdo de un pasado lleno de rechazo, maltrato y desamor, pero sin hacer nada por cambiar el rumbo que lleva su vida presente. Las que integran este último grupo son las que han permitido que el odio, el resentimiento y la amargura se apoderen de ellas, en lugar de decidir seleccionar una nueva manera de vivir que les dirija a transformar de forma radical su presente. Porque finalmente, esas aguas amargas que han venido guardando hasta el día de hoy y en las que remojan a diario su presente, no son otra cosa que ira retenida de experiencias pasadas, que continuará amargando su vida presente y terminará arruinando lo que será su futuro si no toman la sabia decisión de perdonar y dejar atrás lo que ya no se puede cambiar. La amargura en la que tantos viven sumergidos como si fuera un almíbar es innecesaria porque todos podemos cambiar el rumbo de nuestra historia cuando decidimos renovar el agua en la que navegan nuestros pensamientos. La palabra clave para transformar cualquier relato amargo es *decisión*. Solo tú tienes la capacidad de cambiar tu historia. Solo tú eres responsable de ti. ¡Atrévete! Sustituye la queja por la acción y comienza a subir hacia la cima en la que la historia ya no tiene poder sobre ti, solo tú tienes todo el poder sobre tu historia. Así se llega a triunfar. Cuando el poder de quien nos creó se manifiesta en nuestra vida, experimentamos en nuestro interior una fuerza mayor que la de cualquier circunstancia que se nos pueda presentar.

El apóstol Pablo pasó por innumerables situaciones difíciles, pero es un buen ejemplo de lo que define la vida de un triunfador y así lo manifiesta cuando expresa: «Antes, en todas estas cosas somos más que vencedores por medio de aquel que nos amó» (Romanos 8.37, RVR1960). Este hombre declara con optimismo y seguridad que frente a todos los problemas que se nos puedan presentar en nuestra vida, cuando confiamos en Dios somos más que vencedores, no por nuestras propias fuerzas, sino por las fuerzas de quien nos amó desde que nos creó, Dios.

El apóstol Pablo fue un triunfador, venció sobre sus circunstancias, dejó atrás su mala manera de vivir y se convirtió en un imitador de Jesús. Edificó su nueva vida sobre una base sólida: la verdad y la justicia. Un verdadero triunfador es aquel que vence al enemigo más grande, «su yo», y se somete a la voluntad de Dios: «Mi antiguo yo ha sido crucificado con Cristo. Ya no vivo yo, sino que Cristo vive en mí. Así que vivo en este cuerpo terrenal confiando en el Hijo de Dios, quien me amó y se entregó a sí mismo por mí» (Gálatas 2.20). Un hombre que había sido un cruel perseguidor de los cristianos, luego pudo decir que ya no vivía «su yo» porque había sido crucificado con Cristo, había muerto su antigua identidad. Pablo había comprendido que el Jesús que él perseguía, le amaba y había sido crucificado por amor a él. Para que tengamos una idea de lo que significó para él decir que había muerto «su yo», consideremos este versículo que aparece en la Biblia, en el que conocemos la fama que tenía Pablo de ser un hombre cruel:

> Cuando Saulo llegó a Jerusalén, trató de reunirse con los creyentes, pero todos le tenían miedo. ¡No creían que de verdad se había convertido en un creyente! Entonces Bernabé se lo llevó a los apóstoles y les contó cómo Saulo había visto al Señor en el camino a Damasco y cómo el Señor le había hablado a Saulo. También les dijo que, en Damasco, Saulo había predicado con valentía en el nombre de Jesús. (Hechos 9.26–27)

Imagínate cuánta crueldad había en este hombre que cuando se convirtió en un fiel creyente seguidor de Jesús, muchos tuvieron miedo porque no podían creer en la genuina conversión de él.

El diccionario define la palabra *triunfar* como quedar victorioso, es decir, resultar vencedor, esto significa que para triunfar es necesario actuar, esforzarse, combatir ideas equivocadas, estar dispuestos a cambiar estrategias, escuchar consejos de quienes tienen

sabiduría y tener la visión de que la vida es una carrera de obstáculos en la que a veces caemos, pero eso no nos descalifica si nos
levantamos y seguimos la carrera. Lo más importante es que si en
algún momento caemos, nunca nos quedemos postrados. Es imperativo que estemos siempre conscientes de que aun en las aparentes derrotas somos más que vencedores, si continuamos venciendo
obstáculos hasta el final de nuestros días. «Los justos podrán tropezar siete veces, pero volverán a levantarse. En cambio, basta una
sola calamidad para derribar al perverso» (Proverbios 24.16).

Los que triunfan saben que el título de triunfador cuesta
mucho esfuerzo, pero finalmente saborean la dulzura que representa llegar al final como un vencedor. ¿Cuál es ese obstáculo que
no has vencido? ¿Te consideras un triunfador o una triunfadora? Si
no lo eres, levántate y decídete hoy a lograrlo, con Dios todo es
posible: «Entonces Jesús, mirándolos, dijo: Para los hombres es
imposible, mas para Dios, no; porque todas las cosas son posibles
para Dios» (Marcos 10.27, RVR1960).

Todos tenemos historias diferentes, pero poseemos la capacidad de escoger y cambiar el rumbo que lleva nuestra historia, por
tanto, todos podemos triunfar. Es muy cierto que no pudimos
escoger el principio de nuestra historia, pero sí podemos seleccionar la actitud con la que vamos a vivir el resto de nuestra existencia. Sí podemos escoger cómo vamos a interpretar lo que vivimos
desde que nacemos, porque Dios nos dotó con la capacidad de
poder decidir lo que queremos hacer. Nos dio la oportunidad de
transformar nuestros caminos pedregosos en avenidas pavimenta-
das por las que podemos deslizarnos y hacer de nuestra existencia
una experiencia fascinante en la que se entrelazan momentos felices, dolorosos, sorprendentes, tiernos, pero en todos se manifiesta

un deseo de vivir extraordinario, porque Dios está acompañándonos siempre: «Y sabemos que a los que aman a Dios, todas las cosas les ayudan a bien, esto es, a los que conforme a su propósito son llamados» (Romanos 8.28, RVR1960). Esa Palabra que aparece en el libro de Romanos, nos da descanso porque nos revela que para aquellos que amamos a Dios, creemos en Él, confiamos en Él y obedecemos lo que Él dice, todo lo que nos pasa obra para bien.

Aceptar esa palabra a veces no es fácil, porque hay situaciones muy dolorosas que se nos hace demasiado difícil incorporar como parte de nuestro proceso de crecimiento, pero sí se puede lograr cuando decidimos creer y confiar en todas las promesas que están en la Palabra de Dios.

Hace dieciocho años aproximadamente pasé por una experiencia horrible en la que me sostuvo esa palabra que te acabo de citar. En una víspera del día de las madres llegué a mi casa, abrí el portón de la marquesina, entré en mi camioneta Land Cruiser (en Puerto Rico es un vehículo 4x4) y cuando cerré el portón me encontré con dos hombres apuntándome con un arma, mientras con un tono amenazante me gritaban: «Bájese, bájese». La impresión fue tan fuerte que me quedé por unos segundos inmóvil y no podía dejar de gritar, parecía una alarma. No obstante, en corto tiempo pude razonar, bajarme del vehículo y tirarme boca abajo al piso. Finalmente, ellos abrieron el portón y salieron a toda velocidad llevándose mi vehículo, mientras yo me quedaba con un ataque de llanto, no por lo material que me habían llevado, pero sí por el impacto de estar con dos desconocidos armados y sola con ellos en la privacidad de mi hogar. Llamé a mi esposo y le describí en un mar de llanto mi odisea. Pero en medio de aquel susto me sentía frustrada conmigo misma porque no les había podido hablar de

Dios a aquellos dos jóvenes que estaban tan equivocados en su manera de vivir. A pesar del momento tan desagradable que pasé, le di gracias a Dios porque no me quitaron la vida ni me violaron ni me golpearon a pesar de mis gritos.

Mis vecinos me decían que me olvidara de la camioneta porque nunca iba a aparecer, y si aparecía sería quemada, sin embargo, mi fe me decía que iba a aparecer. Todos los días oraba a Dios para que apareciera mi vehículo, en primer lugar porque ya no debía nada, y en segundo lugar porque cinco años atrás la habíamos comprado en treinta mil dólares y en ese momento su precio se había elevado a sesenta mil. Un día, a las siete de la mañana, quince días después del robo a mano armada, encontré una llave de mi automóvil, que se había perdido hacía dos años. Le dije a mi esposo: «Encontré la llave perdida, eso quiere decir que hoy Dios me la va a entregar».

Ese mismo día, a las siete de la noche, me llamó un policía diciéndome que habían encontrado mi camioneta, pero no tenían la llave para moverla porque los que la estaban manejando, cuando fueron interceptados, habían huido con ella. Le contesté felizmente al policía que yo tenía una llave adicional. Mi fe venció las voces de la mayoría de las personas que no tenían esperanza. No tienes idea de cuánto creció mi fe con ese lamentable incidente, por varias razones: Dios contestó mi petición, a pesar de que la realidad decía que los vehículos que se habían robado en ese tiempo aparecían quemados; la copia de la llave había estado perdida por dos años y apareció sin estar buscándola y, sobre todas las cosas, Dios me guardó física y emocionalmente.

Después de ese momento, pude seguir mi vida con toda normalidad. De ahí en adelante mi vida espiritual se fortaleció de tal manera, que cuando han venido momentos difíciles, siempre pienso: *esto va a pasar, ningún problema es para siempre*. Cuando Dios dirige nuestra historia vivimos confiados, aunque no podamos comprender cabalmente lo que nos esté pasando: «He aquí que aquel cuya alma no es recta, se enorgullece; mas el justo por su fe vivirá» (Habacuc 2.4, rvr1960). Cuando dependemos y confiamos en la fortaleza de Dios con humildad, esa fe certera nos da vida espiritual, emocional y física. Esa fe es la que nos explica por qué hay unos que caen ante la menor dificultad y otros que han enfrentado situaciones muy graves se mantienen de pie con una esperanza indescriptible.

Quizás estarás pensando: *Es que se me hace muy difícil olvidar que me violaron o me rechazaron... es que usted no sabe lo que yo he vivido*. Podríamos hacer una lista de situaciones que sería tan larga como el número de personas que pueblan el mundo. Pero, ¿sabes por qué se les hace tan difícil a las personas dejar el pasado atrás? Porque es más cómodo quejarse, culpar a otros y seguir haciendo lo mismo que están acostumbrados a hacer, que ser diferentes; porque se han habituado a racionalizar su pasado y han creído que tienen sobradas razones para deprimirse, guardar rencor, frustrarse y recostarse sobre su pasado. Es más fácil lamerse las heridas que pasar el trabajo de ir al médico, desinfectar la herida, poner una inyección antitetánica, hacer unos puntos de sutura, tomar antibióticos y al final regresar para que el médico corte los puntos. Fíjate que el proceso de sanar y cambiar es más largo, pero más efectivo que el de quedarte mirando la herida, sintiendo un dolor profundo y manteniéndote solo lamiendo la herida, mientras la infección sigue creciendo.

La racionalización dirige a la persona a buscar aparentes buenas excusas para justificar una manera de vivir equivocada. En lugar de motivarte al cambio, la racionalización te lleva a perpetuar la pesada carga del pasado o de una mala acción que estés practicando en el presente. Te da aparentes buenas razones para persistir en el error de una mala acción recordando y navegando en la traición o el dolor pasado.

Cada uno de nosotros debemos estar conscientes de que todo lo que experimentamos día a día se va grabando consciente o inconscientemente en nuestro cerebro y en todo nuestro ser. El cerebro está esperando la orden de nuestra voluntad que le dirá si lo archiva como amargura o como experiencia de aprendizaje para formar carácter. Todo lo que se archiva como amargura retrasa al caminar por la vida, pero lo que se archiva como experiencia nos permite crecer. ¿Te has fijado cuando estás en la computadora esperando que abra una página y la computadora se queda «pensando» un largo rato, pero no abre ninguna página? ¿Cuántas veces hemos tenido que apagarla y prenderla nuevamente para que siga funcionando y no continúe prendida sin permitirnos el acceso a la información? A veces tenemos que hacer así con nuestra vida, debemos apagar el pasado para poder abrir páginas nuevas que nutran nuestra historia.

En este libro descubrirás cómo soltarte de lo que te detiene y hacerte responsable de tu historia. Tú y solo tú eres el administrador de tu vida y el responsable de lo que has logrado hasta hoy porque Dios te creó para crecer, vencer y progresar mental, emocional y espiritualmente.

Te reto a que «apagues» tu antigua manera de pensar y renueves tus pensamientos para que conviertas tu triste historia en una esperanzadora que inspire a otros a vivir.

## REFLEXIONEMOS...

1. Escribe una lista de los recuerdos que guardas.
2. De esos recuerdos, ¿cuáles te están haciendo daño?
3. ¿Por qué no los has cambiado hasta ahora?
4. ¿Anhelas cambiar esos recuerdos que te están haciendo daño?

RETO: *¡Decídete a superar lo que atrasa tu caminar hacia la libertad emocional y espiritual!*

# PARTE 1

## *TODOS TENEMOS*
# UNA HISTORIA

# CAPÍTULO 1

# ESTA ES *MI HISTORIA*

*Nací un 30 de julio de 1952 en Barranquitas, Puerto Rico. Mi padre, que* en esa época era devoto de San Antonio, decidió llamarme Antonia, pero mi mamá, que se imaginó cuánto me iba a impactar ese nombre, me ayudó y decidió llamarme Norma Antonia Marrero Cartagena. ¿Cuál nombre uso? Norma, por supuesto. Soy la mayor de cinco hermanos y vivo agradecida a Dios por ser yo y por haber nacido en ese hogar con los padres que tuve.

Crecí en un hogar feliz, con papi, mami y mis hermanos. A pesar de que mis padres tenían poca instrucción, nos equiparon muy bien para la vida, con una dosis equilibrada de amor firme y tierno. Desde pequeños nos enseñaron a amarnos y a dar la vida los unos por los otros. Hoy mantenemos esa herencia como un tesoro especial. Mi mamá nos enseñó a ser mujeres honestas, buenas amas de casa, buenas esposas, a respetar y a hacernos respetar. Recuerdo que siempre nos decía: «La mujer no se puede pregonar, se tiene que dar valor». De esa manera nos enseñó el verdadero lugar de la mujer en el hogar y en la sociedad. Con ella aprendí a ser una buena madre, una de las lecciones más bellas y que más satisfacción ha traído a mi vida.

¡Mi papá, el primer hombre en mi vida! Él me enseñó el modelo de lo que debía ser un hombre, así pude elegir bien cuando me llegó el momento de escoger al hombre que incorporaría a mi historia. Mi padre fue firme, amoroso, responsable, trabajador, usaba su autoridad sin ser déspota y siempre nos decía: «Ustedes pueden lograr lo que anhelen en su vida... Nunca se sientan ni mejores ni peores que otros, ustedes son muy valiosos... El buen crédito es imprescindible en la vida... Respeten a todo el mundo para que todo el mundo los respete... Sean honrados siempre...». Todas esas enseñanzas fueron esculpidas en los cinco corazones de sus hijos y ninguno se perdió en las turbulencias de la sociedad. ¿Quiere decir que mi papá fue perfecto? No. En mi libro: *Los 31 horrores que cometen las mujeres y los hombres*, lo expreso:

> Estoy consciente de que cometió errores en su caminar por la vida, pero las grandes muestras de amor, dedicación y ejemplo sobrepasaron esos errores. Hoy, 38 años después de su muerte, todavía puedo sentir su amor, su cariño, sus abrazos y hasta sus palabras en lo más profundo de mi ser. Lo más bello de todo es que el tiempo no ha podido borrar ni destruir su dulce recuerdo. A él le agradezco el haber sido un excelente punto de referencia cuando escogí a mi esposo.[1]

Recordando mi historia puedo reconocer que hubo dos acontecimientos importantes que marcaron mi vida. Uno de ellos fue comprender que el ser humano, no importa cuál sea su condición social o intelectual, tiene un espacio que su Creador se encargó de demarcar de tal manera que solo Él puede llenarlo. Es como si cada uno de nosotros fuésemos un rompecabezas y la pieza que tuviera la forma de Dios fuera la única que encajara en ese hueco. La realidad es que no somos un rompecabezas, pero sí hay un espacio en el ser humano que solo lo puede llenar Dios. Este paso fue fundamental y determinante en el rumbo que tomó mi vida porque influyó en todas las decisiones que he tomado y han entretejido mi historia y, por ende, la de mi familia. Cuando Dios da dirección a nuestros pensamientos, estos generan buenos sentimientos que a su vez nos mueven a acciones prudentes y el resultado final es provechoso para nuestra historia.

El otro acontecimiento fue conocer a quien ha sido mi esposo por treinta y nueve años, Jorge Pantojas, y quien también desde joven estuvo consciente de que sin Dios no podemos vivir sabiamente. La Biblia nos enseña que la sabiduría la da Dios, y mi esposo, nuestros hijos y yo lo hemos experimentado. Dios es quien alumbra nuestro caminar: «Porque Jehová da la sabiduría, y de su boca viene el conocimiento y la inteligencia. Él provee de sana sabiduría a los rectos; es escudo a los que caminan rectamente. Es el que guarda las veredas del juicio, y preserva el camino de sus santos. Entonces entenderás justicia, juicio y equidad, y todo buen camino» (Proverbios 2.6–9, RVR1960). Me fascina esa imagen en la que Dios guarda y vigila las veredas del juicio de quienes le seguimos de corazón, de tal manera que su sensatez perfecta siempre esté sazonando nuestro entendimiento. Esa promesa nos da seguridad aun en medio de la tormenta más terrible.

Dios sí alumbró mi entendimiento cuando en 1970 entré al Departamento de Humanidades de la Universidad de Puerto Rico y completé mi bachillerato en estudios hispánicos. ¡Cuánto me ha servido en todo lo que me desempeño hoy. Luego de cinco años de noviazgo, sin sexo, nos casamos en 1975. ¿Por qué hago la salvedad: «sin sexo» y «luego de cinco años»? Uno de los graves problemas de esta sociedad es que se vive apresuradamente y no se enseña a esperar para llegar a disfrutar de las gratificaciones. El pensamiento predominante es: «Yo te amo y si tú me amas tienes que entregarte ahora, porque yo no sé mañana». Muchos viven adelantándose siempre al paso siguiente. Desde pequeña me programaron para casarme después de que terminara de estudiar, por eso una vez terminada esa etapa, trabajamos un año y luego nos casamos. Entonces llegó el momento de entregarnos íntimamente. Y así lo hice. La obediencia nos trae bendición, y el ir por la vida sin saltar etapas nos va capacitando en madurez y sabiduría para lo nuevo que vamos a emprender.

Debo decirte que ya a mis dieciséis años yo soñaba cómo quería que fuera mi matrimonio y aunque no tenía la madurez que tengo hoy, por todas las experiencias que he vivido y he visto en otros, tenía muy clara una idea que no me canso de repetir: la felicidad no baja del cielo como un traje a la medida, es necesario trabajarla.

¿Cómo comencé a construir mi felicidad desde temprana edad? He vivido todos mis años como si llevara una canasta en la que voy recogiendo a mi paso lo que necesito para ser una persona feliz y triunfante. Desde que tengo uso de razón he estado muy consciente de que estoy viviendo y el tiempo se me va como agua entre las manos. Esto ha permitido que viva observando los detalles más pequeños de lo que encuentro a mi paso, siempre he estado pendiente de lo que puedo aprender de cada persona, independientemente de quien sea y como sea. En todos estos años he vivido capacitándome por medio de la lectura de temas relacionados con la familia, la superación personal y la vida cristiana, y escuchando las experiencias de mis maestros, especialmente de los que me enseñaban la clase de español. En mi adolescencia tuve una maestra en particular que recuerdo con mucho amor por su dedicación y entrega a la enseñanza, la señora Dauria. Ella analizaba los textos con una pasión impresionante y lograba que entrásemos en estos de tal manera que vivíamos lo que leíamos; por lo menos en mi caso lo logró. A mis diecisiete años, cuando algunos de mis compañeros leían el principio, el medio y el final de las novelas que enseñaban en clase, yo las leía de principio a fin y asimilaba las enseñanzas. Recuerdo a mi *Martín Fierro* de José Hernández, *Don Segundo Sombra* de Ricardo Güiraldes, *La víspera del hombre* de René Marqués, los ensayos de Unamuno y, cómo olvidar, *La amortajada* de la autora chilena María Luisa Bombal. Aquí me tengo que detener para hacer un paréntesis en mi historia y hablar de la vida de Ana María, un personaje que se repite en la vida real de muchas mujeres.

Ana María es el personaje central de *La amortajada*. Esa novela impactó mi vida de tal manera que los años no han borrado las emociones que viví al adentrarme en esa historia. *La amortajada* es la historia de una mujer llamada Ana María que muere sin haber tomado nunca el control de su vida. Después de muerta, mientras yace en su cama, se le entreabren los ojos un poco, de tal forma que puede ver todo lo que pasa a su alrededor y a todo al que viene al velatorio. Cada persona que viene a verla le trae recuerdos de su historia: el primer hombre a quien se entregó sexualmente siendo aún muy joven, su padre, el marido, los hijos, la hermana... Pero es interesante percatarnos de que la mayoría de todos los recuerdos que ella iba evocando estaban llenos de amargura:

Era verdad que sufría; pero ya no le apenaba el desamor de su marido, ya no le ablandaba la idea de su propia desdicha. Cierta irritación y un sordo rencor secaban, pervertían su sufrimiento. Los años fueron hostigando luego esa irritación hasta la ira, convirtieron su tímido rencor en una idea bien determinada de desquite. Y el odio vino entonces a prolongar el lazo que la unía a Antonio. El odio, sí, un odio silencioso que en lugar de consumirla, la fortificaba. Un odio que la hacía madurar grandiosos proyectos, casi siempre abortados en mezquinas venganzas.[2]

Ana María no resolvió los problemas de su hogar enfrentándolos o abordándolos para buscar alternativas que fomentaran la comunicación en la familia, sino que se limitó a seguir guardando conflictos no resueltos en su corazón que solo produjeron odio y venganza. Se convirtió en víctima de sus circunstancias y no hizo nada por cambiar su historia. El pasaje mencionado es uno de esos en los que deja ver el odio que sentía hacia su esposo. Como lectora viví con ella su angustia, el desamor, la soledad, el engaño, el rechazo y la incomprensión que experimentó en sus relaciones amorosas de juventud, en sus relaciones de familia: con su esposo, sus hijos, su padre, su madre, su hermana. Me sumergí tanto en la lectura de esa novela que sentí tristeza por el tiempo que desperdició Ana María guardando recuerdos negativos que en nada abonaban la superación de sus circunstancias. La narradora nos presenta a esta mujer como alguien que ha estado muerta en vida y ante la misma muerte la vemos resignada, sin fuerzas para luchar. Ella no tenía una formación espiritual sólida. Sus diálogos nos dejan ver que su ignorancia sobre el poder transformador de Dios y su desesperanza eran tan grandes que prefería ser enterrada en lugar de actuar para transformar su historia convirtiéndola en una de restauración y superación.

Ana María confiesa: «Jamás me conturbó un retiro, ni una prédica. ¡Dios me parecía tan lejano y tan severo! Hablo del Dios que me imponía la religión, porque bien pueda que exista otro: un Dios más secreto...».[3] Responsabilizaba a otros hasta por su falta de relación con Dios. Pudo haber reconocido que otros le habían presentado a un Dios castigador, pero no quedarse con esa idea de decir «puede que exista otro». En lugar de asumir esa actitud, los triunfadores diríamos: «Dios tiene que ser diferente al que me están presentando y yo lo voy a encontrar». Eso es accionar, pero para algunos es más fácil responsabilizar a otros por lo que no han logrado o no conocen, y quedarse en el mismo lugar con la misma actitud. Culpar a los demás no resuelve en nada el problema que estemos experimentando. Es necesario conseguir estrategias para resolver la situación. Cuando la resolvemos vamos hacia adelante y lo que nos detenía se queda atrás, en el pasado. Es como si nos moviéramos de escenario para vivir otros capítulos de nuestras vida. ¿Por qué quedarnos atascados en un mismo pensamiento? Los triunfadores no nos damos por vencidos, no perdemos las esperanzas ni nos conformamos con lo que nos dicen otros sobre un asunto. Buscamos información, la evaluamos, consultamos a personas que sepan sobre el tema, nos aseguramos de que sea congruente con la Biblia y luego llegamos a conclusiones.

La actitud de inercia, de víctima, de guardar en el corazón sus sentimientos y frustraciones hasta convertirlos en un odio acérrimo, fueron las que llevaron a Ana María a morir emocional y espiritualmente en vida. Deambuló por la vida en lugar de vivir a plenitud. Un corazón que vive en amargura, está muerto. Ese diálogo interior de esta muerta, que comienza cuando se le entreabren sus ojos, continúa hasta que llega al lugar en donde la van a sepultar. En todo el viaje interior en el que evalúa su existencia, ella es la que sufre y los demás son los culpables de su sufrimiento. De ahí que la narradora de la historia exprese que Ana María había sufrido «la muerte de los vivos» y ahora anhela «la segunda muerte: la muerte de las muertos». Aunque es cierto que los demás cometieron errores, ella no tenía que sucumbir como víctima, porque ella también había cometido otros. Nunca debemos actuar como víctimas, el problema no está en lo que los demás nos hacen, sino en nuestra actitud frente a lo que nos hacen. Esa forma equivocada de vida de Ana María había tocado también la vida de sus hijos. ¿Qué estarían pensando de ella? ¿Cuán solos se sentirían? Cada quien en la historia se encerró en su cubículo emocional y trancó las puertas. Es así como morimos en vida, negándole el amor a los demás, porque estamos pensando solamente en nuestra necesidad emocional. ¿Cuántos viven culpando a otros por la condición en que están viviendo? Cada uno de nosotros es responsable de su calidad de vida. ¿Cómo está tu vida? Si murieras ahora y pudieras ver acercándose a los que te conocieron, qué recuerdos evocarías? ¿Podrías tener armonía con ellos?

Abramos las puertas de nuestro corazón y dialoguemos con amor sobre lo que necesitamos, sobre nuestras frustraciones y nuestros temores, pero antes abramos nuestros ojos espirituales para que podamos escuchar y atender los gritos de angustia de quienes se están muriendo por inanición de amor. Porque mientras estamos enfocados en nuestras angustias, no nos percatamos de que otros van muriendo frente a nosotros con las mismas necesidades emocionales que nosotros mismos queremos que se nos suplan.

En mi caso particular, el estar sirviendo a otros, empezando por mi familia y extendiéndome a los demás, me ha dado tanta felicidad, que no tengo tiempo para quedarme llorando en un rincón. Cuando algo me duele o me he sentido ofendida, veo con amor a la persona, me siento con ella y le digo: «Me sentí ofendida cuando me dijiste...» o «Cuando me dices... me entristece mucho porque...». Le digo a la persona «me sentí», porque de esa forma no estoy acusándola sino expresándole lo que tengo dentro de mi corazón. Nadie nos puede discutir cómo tú y yo nos sentimos. A veces lo que consideramos una ofensa no fue lo que quiso expresar la persona, otras veces pudimos haber interpretado mal lo que nos dijeron y otras, realmente nos dijeron algo inapropiado. Sea lo que sea, si comenzamos con la frase «me siento», no estoy ni acusando ni criticando a la otra persona, sino que estoy abriendo los canales para establecer una comunicación efectiva en la que ella o él me van a conocer mejor, porque voy a verbalizar lo que hay en mi interior. Por otra parte, yo también voy a conocer más a la otra persona y en lugar de destruirse la relación por un comentario que se hizo, se fortalece. Porque en una conversación efectiva se aclaran las interpretaciones de lo que pasó y se van construyendo vínculos emocionales, con lo cual vamos descubriendo qué tenemos en común. Como consecuencia, las relaciones entre las personas dejan de ser impersonales porque los individuos comienzan a enlazarse con lo que los une y no a separarse por las diferencias. En ocasiones, como ya señalé, nos daremos cuenta de que la persona no quiso decir lo que dijo.

Todos de una u otra forma cometemos errores, todos necesitamos perdonar para luego ser perdonados cuando nos equivoquemos, así como Dios ha perdonado nuestras desobediencias:

«Cuando estén orando, primero perdonen a todo aquel contra quien guarden rencor, para que su Padre que está en el cielo también les perdone a ustedes sus pecados» (Marcos 11.25). No importa cuán bajo y profundo hayamos caído, Dios está presente esperando nuestro llamado de auxilio, para amarnos, perdonarnos, vendar nuestras heridas, levantarnos y bendecirnos, de tal modo que podamos darle otra dirección a nuestra historia. Si nuestra existencia estuviera condenada a permanecer en los errores que cometemos, ¿para qué escribiríamos libros que promuevan el cambio? ¿Para qué predicar? ¿Para qué dar consejería? ¿Para qué leer la Biblia? Hacemos todo esto porque tenemos la convicción de que todos podemos superar nuestro estado actual, tanto el espiritual, el emocional, como el físico. Si hacemos con los demás lo mismo que Dios hace con nosotros, te garantizo una vida de paz y bendición porque estamos haciendo su voluntad: amar y perdonar sin condiciones. Haciendo la voluntad de Dios independientemente de cómo sean los demás, logramos vivir en comunión con Él y disfrutamos de su paz a pesar de las circunstancias.

Nunca debemos imitar a la amortajada. En mi adolescencia la vi como una víctima; en mi adultez la he visto con compasión, pero con la conciencia de que si ella estuviera frente a mí le diría: «No hubieras tenido que vivir así ni terminar de esa manera. Tú fuiste la arquitecta de tu destino y lo construiste con tus propios materiales, ¿por qué no te levantas, comienzas a usar los materiales que Dios nos ofrece en su Palabra y construyes una nueva vida en la que incluyas: amor, arrepentimiento, perdón, misericordia, comunicación efectiva, limpieza de corazón y superación?». Dios nos ama y por ese amor tan inmenso que nos tiene, no quiere que vivamos ni muramos en el pecado, porque ese tipo de vida nos daña, nos hace sufrir y lo peor de todo es que nos aleja de su presencia. Vivir en pecado es como estar en el mar en medio de una tormenta, sin tener control sobre la embarcación, porque el pecado ciega y la persona es incapaz de ver salidas. Sin Dios perecemos en el mar borrascoso de la vida:

> Cuando ustedes siguen los deseos de la naturaleza pecaminosa, los resultados son más que claros: inmoralidad sexual, impureza, pasiones sensuales, idolatría, hechicería, hostilidad, peleas, celos, arrebatos de furia, ambición egoísta, discordias, divisiones, envidia, borracheras, fiestas desenfrenadas y otros pecados parecidos. Permítanme repetirles lo que les dije antes: cualquiera que lleve esa clase de vida no heredará el reino de Dios. En cambio, la clase de fruto que el Espíritu Santo produce en nuestra vida es: amor, alegría, paz, paciencia, gentileza, bondad, fidelidad, humildad y control propio. ¡No existen leyes contra esas cosas! (Gálatas 5.19-23)

No podemos permitirnos de ninguna manera terminar derrotados. Si yo hubiera sido Ana María, después de haber reconocido mi muerte en vida, me hubiera salido del ataúd y hubiera dicho: «Ahora voy a vivir a plenitud, porque por fin reconozco el poder de Dios en mí y con Él soy más que vencedora. Independientemente de cómo sean los demás, yo tengo control sobre mis acciones y mis emociones, porque Dios habita en mi corazón». Sin embargo, la novela termina con una declaración contundente y derrotista que hace la narradora en el momento en que colocan el féretro en la fosa que encerraría aquella historia para siempre: «Lo juro. No tentó a la amortajada el menor deseo de incorporarse. Sola, podría, al fin, descansar, morir. Había sufrido la muerte de los vivos. Ahora anhelaba la inmersión total, la segunda muerte: la muerte de los muertos».[4]

La autora no menciona la tercera muerte que iba a enfrentar Ana María, la muerte espiritual. Esa que nos aleja de Dios para siempre. La amortajada murió física, emocional y espiritualmente. Murió como una víctima: «Sola, podría, al fin, descansar, morir». ¿Sabes lo que significa para una persona morir tres veces? Es más trabajoso morir tres veces que morir una vez. Por otra parte, y esto es lo más importante, morir sin haber reconocido a Jesucristo como nuestro Salvador es morir para siempre y por la eternidad, es separarnos para siempre de Dios. Pero si vivimos conforme a su Palabra, tendremos vida eterna.

> Los que viven sólo para satisfacer los deseos de su propia natu-
> raleza pecaminosa cosecharán, de esa naturaleza, destrucción y
> muerte; pero los que viven para agradar al Espíritu, del Espíritu,
> cosecharán vida eterna. Así que no nos cansemos de hacer el
> bien. A su debido tiempo, cosecharemos numerosas bendicio-
> nes si no nos damos por vencidos. (Gálatas 6.8–9)

No te rindas nunca, nunca, frente a las tormentas de la vida. Las tormentas renuevan la naturaleza y arrastran a su paso todo lo que no estaba firme, úsalas para detectar tus puntos débiles y para decidirte a reforzar tu carácter con los materiales divinos. ¡Tú lo puedes lograr!

Nunca olvides que no basta con reconocer que estás muerto o muerta en vida, necesitas tomar acción, enfocarte en Dios y decidir-te a salir del ataúd en que estás, aunque sientas que es difícil, aunque pienses que no tienes ganas. No te dejes llevar por los sentimientos que son tan variables, déjate llevar por los principios divinos que no varían con el tiempo ni son relativos. Siempre digo en mis conferencias que primero es la acción y después la emoción.

Quiere decir que sin ganas comienzo a hacer algo porque es mi deber y, luego que comienzo, el ánimo aumenta de tal manera que hago más de lo que había pensado hacer, entonces le sigue la emoción que es la satisfacción de haber cumplido con mi deber. Ya es tiempo de que las mujeres y los hombres despierten de ese letargo en que se encuentran y se percaten del enorme potencial que tenemos para transformar las circunstancias cuando nos conectamos al poder divino y hacemos nuestras las palabras que están en Filipenses 4.13: «Todo lo puedo en Cristo que me fortalece» (RVR1960).

El espacio que le dediqué a esta novela leída hace tantos años en la escuela superior, te dice cuánto representó para mí. En primer lugar porque fue la que me inspiró a convertirme en maestra de español y, en segundo lugar, porque el vivir ese personaje me permitió aprender de la experiencia de otra persona, cómo se nos va la vida si no la sabemos administrar. Esa historia yo no la quería para mí, jamás yo iba a vivir en esa soledad emocional, siempre iba a seguir al Dios de amor que yo había conocido, iba a hacer una buena selección del hombre que se convertiría en mi esposo e iba a transmitirle una herencia de amor y de paz a mi esposo, a mis hijos y a todo aquel que se cruzara en mi camino. Hoy, a mis sesenta y un años, puedo decir con alegría que lo logré gracias a mi Dios. Yo hice lo posible y le dejé a Él lo imposible. Fui siempre una joven muy receptiva y muy sensible al aprendizaje. Esas experiencias vividas en la adolescencia forman parte de mi historia y son bellos recuerdos que atesoro en lo más profundo de mi corazón. El compartir con personas que tienen riqueza espiritual y emocional nos bendice y nos capacita para bendecir a otros. Todo lo bueno que he aprendido y sigo aprendiendo de otros lo fui integrando al desarrollo de mi nueva historia, mi propio yo.

Mi corazón se llena de gozo cuando miro hacia atrás y veo que el haber entregado mi corazón a Jesucristo rindió grandes beneficios porque mi mente se alimentó de su sabiduría y mis pasos han sido dirigidos por Él. Dios ha trazado mis pasos y lo seguirá haciendo hasta que me lleve a vivir con Él. La Biblia dice: «El corazón del hombre traza su rumbo, pero sus pasos los dirige el SEÑOR» (Proverbios 16.9, NVI). Nuestra actitud debe ser en todo momento armonizar nuestros pensamientos con los de Dios. Para conocer como Él piensa necesitamos leer la Biblia.

Dios dirigió mis pasos al Colegio Puertorriqueño de Niñas en el año 1975. Cuando pasé a formar parte de esa facultad, a la edad de veintitrés años, ya estaba capacitada para sembrar en los corazones de mis estudiantes de doce a quince años, no solo literatura sino las lecciones de vida que se derivaban de las obras que analizábamos en clase, de mis propias experiencias, de lo que yo había aprendido de la Biblia y de tantas otras personas que también dejaron huellas de amor en mí. ¡Qué satisfacción sentimos cuando podemos dejar una marca de amor y de vida en el corazón de otros! Lograrlo cuesta esfuerzo, entrega, dedicación y sobre todo un amor incondicional a Dios, a nosotros mismos y a los demás. Solo amando de esa forma podemos edificar una buena historia que influya profundamente en cada persona con la que lleguemos a compartir de una u otra forma.

Durante ese tiempo trabajé con pasión en lo que me ha fascinado en la vida, enseñar, pero llegó el momento en que comenzaron a llegar nuestros hijos. Mi esposo y yo hicimos provisión para que yo pudiera dejar de trabajar y los pudiera cuidar esos primeros cuatro años de sus vidas. Siempre tuve conciencia de que la vida pasa rápidamente y esos primeros años de los hijos son irreversibles. Los trabajos pueden esperar, las universidades pueden esperar, pero nuestros hijos no esperan porque crecen en un abrir y cerrar de ojos. He disfrutado junto a mi esposo de cada uno de nuestros hijos y nietos. Ahora están en las edades de treinta y seis, treinta y dos y veintiocho años, y disfrutamos al ver que son una continuidad de nuestra historia, pero mejorada, porque a ellos también les ha tocado edificar su historia propia.

En 1988 surgió la necesidad de un nuevo pastor para la iglesia, trabajo que jamás pensé realizar. Pero por la mente de Dios y de los que me propusieron ya había pasado. En ese momento descubrí una inclinación hacia el pastorado que yo desconocía. Lo consulté con mi esposo, y sus palabras fueron de estímulo y apoyo. Hoy día ambos estamos pastoreando la iglesia y cumplimos veinticinco años en el pastorado. Hemos visto la iglesia no como un lugar donde se enseña la Biblia solamente, sino como un taller en el que preparamos a la gente para una vida fructífera a través del estudio de la Palabra de Dios aplicada a nuestra vida diaria. Lo que aprendemos en cada reunión es para aplicarlo y mejorarnos cada día como individuos. Les hemos enseñado que la vida es una sola y, por tanto, es necesario administrarla con responsabilidad aprovechando bien el tiempo, porque Dios no es responsable de lo que no llegamos a alcanzar. Él siempre está dispuesto a capacitarnos, a transformarnos y a estar con nosotros hasta el fin del mundo; pero tenemos que querer, porque Dios nos creó no como autómatas, sino con una voluntad que debemos ejercer como los seres libres que somos en la toma de decisiones.

Como pastora de la iglesia, uno de mis proyectos fue un programa de televisión sobre orientación familiar. Así nació Semillas de amor. Ya en 2004 comencé como animadora y consejera en un programa mañanero, en donde estuve laborando por tres años y fue en ese momento cuando ejecutivos de Editorial Norma me reunieron para que les escribiera un libro. De esa reunión surgió mi primer libro: *Los 30 horrores que cometen las mujeres y cómo evitarlos*. Hasta el día de hoy ya son seis los libros en los que he podido comunicar a tantas personas a las que no hubiera llegado físicamente, que Dios tiene una historia más excelente para cada uno de nosotros. He viajado a diferentes países llevando el mensaje de amor y esperanza a través de la radio y televisión no solamente cristianas sino también seculares, a compañías, iglesias, revistas. He comprobado a través de los años que cuando obedecemos a Dios, Él siembra las ideas en nuestro corazón y nos da la sabiduría para tomar decisiones cónsonas con su voluntad. De esta manera podemos decir como el salmista: «Por Jehová son ordenados los pasos del hombre, Y él aprueba su camino. Cuando el hombre cayere, no quedará postrado, Porque Jehová sostiene su mano» (Salmos 37.23–24, RVR1960).

En 2006 pasé uno de las experiencias más tristes de mi vida, el esposo de mi hija fue asesinado en un asalto. Ella tenía veinticinco años y su bebé apenas un año y medio. Él era el único hijo de sus padres, te podrás imaginar cuán profundo fue nuestro dolor. Nunca pensé estar en la escena de un crimen, pero así es la vida, hoy estamos celebrando un aspecto de nuestra historia y mañana se nos presenta un reto que implica dolor. En esa escena de dolor necesitó estar presente Norma como mamá, Norma como pastora,

Norma como consejera y, junto a mi esposo, consolar y sentirnos consolados por el amor de Dios.

Existen otros momentos tristes en los que me he sentido traicionada, situaciones que pudieron haberme marcado con amargura por el dolor que experimenté, pero decidí que nunca iba a cargar mi corazón ni el de otros con recuerdos amargos. Decidí perdonar y dejar atrás, y esto me ha hecho una mujer triunfadora, porque para qué cargar exceso de equipaje. ¿Por qué te menciono esta parte de mi historia? Porque la gente siempre me ve feliz, riéndome, compartiendo con los demás, y piensan que Dios me regaló el reino mágico de Disney. Quiero decirte que lo que Dios me ha regalado es la paz y la seguridad de su reino.

A lo largo de mis sesenta y un años he sido una mujer feliz y he vivido a plenitud. Felicidad no es sinónimo de ausencia de problemas o de equivocaciones. Significa que he podido lidiar con los momentos en que la adversidad se ha presentado y he aprendido a sacarle provecho a los errores que he cometido. Sobre todas las cosas he aprendido a confiar en Dios; en los momentos difíciles recuerdo el versículo: «Todo lo puedo en Cristo que me fortalece» (Filipenses 4.13, RVR1960).

Cuando me detengo a mirar lo que ha sido mi vida hasta hoy, la veo como si fuera un bordado con hilos de muchos colores que van desde el negro hasta el amarillo, pero cada hilo ha sido importante en la formación de mi carácter y en el resultado final de quién es Norma. Mi peregrinar en todos estos años ha sido sin rigidez ni prisa por saltar etapas, y expuesta siempre a conocer y a aprender todo lo que signifique ser una mejor persona. Por esa razón he podido disfrutar este viaje por la vida. Me considero una mujer triunfadora, exitosa, realizada. ¿Cómo lo logré?:

1. Reconocí desde mi adolescencia que a pesar de haber nacido en un buen hogar, necesitaba de la dirección de Dios. Decidí colocarlo en primer lugar en mi vida y obedecer sus principios.

2. Uno de los principios que obedecí fue el de «honrar padre y madre». Vivo agradecida de mis padres que me amaron y me enseñaron a obedecer, respetar, amarme a mí misma y a los demás.

3. Decidí que el dinero es bueno porque suple nuestras necesidades, pero no puede ser lo más importante en la vida porque las cosas más significativas de la vida no se compran con dinero.

4. Me programé para amar y perdonar, no para ser rebelde ni guardar rencor. Aprendí que el odio, la rebeldía y el rencor atrasan nuestra carrera. Constituyen un peso innecesario que nos impide convertirnos en triunfadores en la carrera que comenzamos desde que nacimos. Esta carrera la tenemos que correr mirando hacia el frente y con nuestros ojos puestos en Jesús, porque si nos miramos unos a otros nuestra imperfecciones nos caemos a mitad de camino. Así lo describe el autor del libro de Hebreos:

Por lo tanto, ya que estamos rodeados por una enorme multitud de testigos de la vida de fe, quitémonos todo peso que nos impida correr, especialmente el pecado que tan fácilmente nos hace tropezar. Y corramos con perseverancia la carrera que Dios nos ha puesto por delante. Esto lo hacemos al fijar la mirada en Jesús, el campeón que inicia y perfecciona nuestra fe. Debido al gozo que le esperaba, Jesús soportó la cruz, sin importarle la vergüenza que ésta representaba. Ahora está sentado en el lugar de honor, junto al trono de

Dios. Piensen en toda la hostilidad que soportó por parte de pecadores, así no se cansarán ni se darán por vencidos. (Hebreos 12.1–3)

Jesús soportó la cruz con todo lo que implicaba, desde la vergüenza hasta el dolor. Pero Él sabía cuál era el propósito de su historia, y lo sostenía el amor y la obediencia a su Padre, Dios. Él sabía que después del sufrimiento le esperaba la satisfacción del deber cumplido, el gozo de la obediencia y la paz de haber salvado a todos aquellos que reconozcamos nuestro pecado y a Él como nuestro Salvador. Ese noble propósito de su historia lo llevó de la cruz al lugar de honor, estar sentado a la diestra del Padre. Esa es la historia que debemos imitar, que nuestra vida sea de bendición a todos los que nos encontremos en nuestro caminar. Sería bueno que nos preguntásemos: ¿quiénes recordarán nuestra historia? ¿Cómo nos recordarán? ¿Nos imitarán? ¿Qué legado dejaremos?

5. Decidí caminar siguiendo los pasos que ya Dios había establecido en su preciosa Palabra y a no desecharme a mí misma cuando me equivoco. Estoy convencida de que los errores no nos sacan de circulación ni nos arrebatan de los brazos de Dios, al contrario, nos permiten crecer si los evaluamos y aprendemos la lección de las consecuencias que experimentamos por el error o la desobediencia cometida. Te sorprendería ver la cantidad de personas que viven lamentándose por una mala decisión de hace cinco, diez o veinte años atrás. He vivido tan consciente cada minuto de mi vida, que no pierdo oportunidad para aprender tanto de mis experiencias como de las de otras personas. En mi recorrido por la vida he

aprendido a no vivir diciendo «si yo hubiera», porque después que conocemos el presente es facilísimo saber cuál
hubiera sido la mejor decisión, ¿para qué vivir culpándonos
por una mala decisión que ya no podemos cambiar? En lugar
de pensar en lo que pudo haber sido y no fue, analizo cómo
enmendar la situación con la menor cantidad de consecuencias posibles y me propongo de corazón no pasar nuevamente por ese camino. El problema no son las equivocaciones o
los errores que cometemos en la jornada, es cometer el error
una y otra vez, es perpetuar un mal hábito. No nos beneficia
en nada cargar con la pesada culpa toda nuestra existencia.
En mi libro *Lo que pasó, pasó...* hablo sobre la diferencia entre
sentirse culpable y arrepentirse:

La solución a ese pasado doloroso nunca debe ser la culpabilidad, porque la culpa no estimula la sanidad emocional ni la espiritual, sino que alienta la depresión. En La Biblia se muestra cómo
Judas se sintió culpable de haber vendido a Jesús, pero no se arrepin-
tió de su error. Por eso, en medio de su desesperación, se ahorcó. La
culpa hace que te percibas como una persona perversa y eso provoca
que te sientas muy mal contigo misma. Como consecuencia, piensas
que no vales. Es como si hubieras descubierto que no hay nada bueno
en tu vida. Por el contrario, si en lugar de hallarte culpable te sientes
responsable por la acción equivocada que cometiste y te arrepientes
de haberlo hecho, podrás desaprobar tu mala conducta, pero no tu
persona. El asumir responsabilidad ante una acción equivocada no
lacera nuestra autoestima y nos permite ver que somos valiosas a
pesar de nuestras debilidades y errores. Por tanto, hay una gran diferencia entre percibirnos culpables y hacernos responsables cuando

hemos actuado mal. La culpa me dirige a rechazarme a mí misma y me devalúa. El hacerme responsable me conduce a rechazar la mala conducta, aceptando que cometí un error, pero no me devalúa como individuo.[5]

En lugar de la culpabilidad aprende a experimentar la responsabilidad de arrepentirte después de un error; lo importante es arrepentirse, pedir perdón y saber que antes de actuar es imprescindible meditar y considerar todos los ángulos de una decisión con sus repercusiones, para no repetir el mismo error u otro más grave. Aun en nuestras equivocaciones, nuestro Dios de amor nos asiste y nos ayuda a salir victoriosos. Por esa razón no me he puesto a rememorar errores en mi historia, porque lo que pasó, pasó... Se guardan los buenos recuerdos, pero lo que no tiene provecho de ninguna índole, para qué dedicarle espacio en nuestra mente y en nuestro corazón. Eso nos roba tiempo y energías para generar pensamientos creativos. Es como si te dedicaras a sembrar cuerdas de terreno de yerbajos que no sirven ni para alimentar animales. Dediquemos tiempo y esfuerzo a lo que nos bendice, nos hace crecer y bendice a otros.

## REFLEXIONEMOS...

1. ¿Qué significa para ti felicidad?
2. ¿Crees que la felicidad es cuestión de suerte o es un estado que hay que trabajar?
3. ¿Te consideras una persona feliz?
4. ¿Eres víctima o controlas tus circunstancias?

5.  ¿Guardas resentimientos en tu corazón? Menciónalos.

6.  ¿Guardas sentimientos de culpabilidad? Menciónalos.

RETO: *Organiza tu historia y escribe los pasos que vas a dar para superarla.*

CAPÍTULO 2

# SI PUDIERAS EMPEZAR DE NUEVO... *REPETIRÍAS* TU HISTORIA

*Cuando escribí mi primer libro, Los 30 horrores que cometen las mujeres y cómo evitarlos,* recibí muchas cartas de mujeres que me decían: «Si ese libro se hubiera publicado cuando yo era más joven, no hubiera cometido tantos errores». Hoy, siete años después de su publicación, continúo recibiendo cartas de algunas que me dicen que ese libro cambió sus vidas; sin embargo, otras que conozco personalmente, que se han leído el libro y me han podido consultar, siguen sumergidas en el agua hirviendo del pasado, a punto ya de desfallecer, pero repitiendo la misma historia.

El problema no está en lo que has vivido hasta ahora, está en tu manera equivocada de pensar, sentir y vivir que te sigue acompañando día a día, duplicando la misma historia. Aunque tuvieses la oportunidad de volver a nacer físicamente y volvieras a empezar de nuevo, si regresas al pasado con tu mismo sistema de pensamientos equivocados, contrario a los principios que Dios ha establecido para vivir plenamente, los resultados serán los mismos. Si en tu vida no hay una organización de pensamientos y una estructura en la que puedas identificar cómo vas a administrar tu estadía en la tierra y hacia dónde te diriges, volverás a cometer los mismos horrores aunque vuelvas a empezar de nuevo miles de veces.

Hace años para iniciar un viaje hacia un lugar desconocido se trazaba la ruta que se debía seguir en un mapa, ahora la tecnología provee un GPS, un sistema de posicionamiento global que nos permite fijar a escala mundial la posición de un objeto, una persona, un vehículo o una nave con una precisión casi milimétrica, a cualquier hora y desde cualquier lugar.[1] Este dispositivo es fácil de usar, solo tenemos que escribir la dirección y él nos muestra la ruta que debemos seguir. No obstante, a pesar de cuánto ha progresado la tecnología, nadie ha podido crear una que pueda trazar la ruta de nuestra vida desde que nacemos hasta el final de nuestros días, porque en nosotros existe razonamiento y voluntad. No llegamos a este planeta programados para seguir una ruta determinada porque nadie puede forzarnos a hacerlo. Tampoco somos seres depositados en este mundo como máquinas que se mueven automáticamente, tenemos que ejercitar nuestra voluntad, pero para hacerlo de una forma correcta necesitamos sabiduría. Por tanto, somos responsables de nuestra historia y cada uno la escribe con sus decisiones y acciones, que son las que nos marcan la dirección hacia donde nos dirigimos. Como tú y yo tenemos una visión limitada al aquí y ahora, que no nos permite ver el futuro, necesitamos recurrir al GPS divino de nuestro Creador. Todos lo tenemos, pero es necesario programarlo para que funcione, porque Dios no es un tirano. Él intervendrá en nuestra vida en la medida en que le pidamos su ayuda y nos sometamos a Él, pero sí nos advierte que sin Él no podemos hacer nada.

Jesucristo nos compara con la vid para describir la relación personal que debemos tener con Él, y afirma que Él es la vid y nosotros somos las ramas. Si permanecemos adheridos a Él, produciremos mucho fruto porque las ramas se alimentan de los nutrientes que entran a la planta por sus raíces y suben por el tronco, hasta llegar a cada una de ellas. Pero si no estamos adheridos a Jesucristo, no daremos frutos porque separados de su amor, no podremos hacer nada. Ninguna rama sola, apartada del árbol, puede dar frutos: «Ciertamente, yo soy la vid; ustedes son las ramas. Los que permanecen en mí y yo en ellos producirán mucho fruto porque, separados de mí, no pueden hacer nada» (Juan 15.5).

El único que puede darle dirección al ser humano es quien lo creó, Dios. Así que para iniciar este importante viaje de la vida que se convertirá en nuestra historia, es imperativo trazar una buena ruta, teniendo en cuenta que vamos viajando para un lugar desconocido y que no tendremos la oportunidad de volver a pasar por el mismo camino en una próxima ocasión. El recorrido se hace en vivo y sin poder ensayar. Es necesario que meditemos en la clase de vida que deseamos tener, las metas que queremos alcanzar y cómo las lograremos. Parece simple, pero el trabajo es arduo y complicado, tomando en cuenta que la historia del primer hogar de muchos no los equipó para esta jornada de la vida de adulto, pero no debemos tener excusas para triunfar. Dios nos ayudará en el recorrido si clamamos a Él y, además, existen personas que aman a Dios y al prójimo que también nos pueden asesorar antes de comenzar este viaje con la conciencia que requiere si queremos escribir una buena historia. Debemos tener en mente que cada paso que damos, cada palabra que decimos, cada decisión que tomamos, se convierten en pasado al instante y pasan a formar parte de lo que constituye nuestra historia, así que cada paso continuará enriqueciéndola o empobreciéndola.

Piensa por un momento en la historia que has escrito hasta ahora y reflexiona: si tu vida fuera de cristal, ¿conservaría todavía su integridad o estaría en pedazos? La vida es más frágil que el cristal, porque este se puede sustituir por cualquier otra pieza, pero tu ser es único e insustituible. Maneja tu vida como el tesoro más valioso que Dios te ha regalado y no la dejes tirada en cualquier lugar. Una vida triunfante reconoce su fragilidad, por eso vive en armonía con Dios y desarrolla al máximo las capacidades con las que Él nos dotó para bendecirnos y para que nosotros bendigamos a otros.

Nuestra historia se escribe con la tinta permanente de las decisiones que tomemos. Si nos equivocamos no podemos desechar lo escrito y comenzar otra nueva. Sí podemos arrepentirnos de nuestros errores, pedir perdón, sentirnos perdonados por Dios, rectificar y empezar de nuevo, pero en muchos casos las consecuencias de nuestros tachones nos acompañarán silentes durante toda nuestra existencia. Quiere decir que este viaje en vivo que comenzamos desde que fuimos concebidos, es necesario hacerlo conectados al corazón de Dios porque aunque no podemos volver atrás, sí podemos cambiar de dirección. Pero, ¿sabes a dónde quieres llegar, o todos los días vives improvisando la ruta que vas a seguir? ¿Le pides a Dios que dirija tus pasos o que los siga?

Recuerda siempre que cada uno de nosotros es responsable de la dirección que toma nuestra historia. Viene a mi mente el recuerdo de unos versos de un poema precioso que me ha acompañado desde que lo leí en mi clase de español a los diecisiete años, «En paz», del poeta mejicano Amado Nervo:

## En paz

### Artifex vitae, artifex sui.

Muy cerca de mi ocaso, yo te bendigo, Vida,
porque nunca me diste ni esperanza fallida
ni trabajos injustos, ni pena inmerecida;

Porque veo al final de mi rudo camino
que yo fui el arquitecto de mi propio destino;

que si extraje las mieles o la hiel de las cosas,
fue porque en ellas puse hiel o mieles sabrosas:
cuando planté rosales coseché siempre rosas.

...Cierto, a mis lozanías va a seguir el invierno:
¡mas tú no me dijiste que mayo fuese eterno!

Hallé sin duda largas las noches de mis penas;
mas no me prometiste tú sólo noches buenas;
y en cambio tuve algunas santamente serenas...

Amé, fui amado, el sol acarició mi faz.

¡Vida, nada me debes! ¡Vida, estamos en paz!²

El poeta se detiene en las postrimerías de su historia para evaluar cómo ha sido su complicada existencia, pero llega a la conclusión de que no hay razón para quejarse de que la vida haya sido
injusta ni dura porque reconoce que él mismo ha sido el arquitecto
de su propio destino. Él afirma con seguridad que cuando los
momentos de su historia fueron dulces, fue porque él sembró dulzura; y cuando fueron amargos, fue él quien también los sembró,
cuando en lugar de miel plantó hiel. Amado Nervo recoge magis-
tralmente en esos versos lo que dice Dios en la Biblia: «No se enga-
ñen: de Dios nadie se burla. Cada uno cosecha lo que siembra»
(Gálatas 6.7, NVI).

¡Cada uno de nosotros diseña la vida que se convertirá en
nuestra historia! Por eso el lamento que escuchamos a diario: «Qué
duro me ha dado la vida», es un error. La vida no le pega duro a
nadie. Las personas sí le dan duro a la vida porque no tienen visión
más allá de lo que está al alcance de su vista, no planifican, toman
decisiones a la ligera y no reconocen al Dios creador, quien es la
fuente de sabiduría. Creo que si la vida se pudiera quejar de nosotros, muchas veces gritaría: «¡Basta ya!». Asumamos nuestra responsabilidad y en lugar de decir: «Si volviera a empezar otra vez»,
digamos: «Hasta aquí no he sabido tomar buenas decisiones, pero
de ahora en adelante voy a comenzar una nueva vida con Dios en
mi corazón, en mi pensamiento y en todo mi ser».

¡Hoy me decido a triunfar! Hago una lista de las acciones que
no volvería a repetir si volviera a nacer e incorporo una nueva
manera de pensar conforme al corazón de Dios, que me llevará a

triunfar en mis tres mundos: mi mundo espiritual, mi mundo emocional y mi mundo físico. Porque la voluntad de Dios es buena, agradable y perfecta. Por tanto, no me hará daño y viviré a plenitud el tiempo que Dios me ha regalado.

## REFLEXIONEMOS...

1. ¿Quién dirige tu vida?
2. ¿Estás satisfecho o satisfecha con la historia que has escrito con tus decisiones?
3. Menciona aquellos aspectos que cambiarías y cómo lo podrías hacer.
4. ¿Estás de acuerdo con lo que dice Amado Nervo en su poema?

RETO: *Coloca a Dios en primer lugar para que dirija tus pasos.*

# CAPÍTULO 3

# APRENDAMOS DE LOS LAMENTOS MÁS COMUNES DE *ALGUNAS PERSONAS* ANTES DE MORIR

*Una de las fuentes de aprendizaje útiles para quienes quieren triunfar* en la vida es la de las experiencias que viven otros. Hace tiempo escuché que alguien dijo que las personas inteligentes aprendían de sus propias experiencias, pero las sabias aprendían de las experiencias de otros. Ese comentario lo llevo siempre conmigo, por eso me fascinan los programas y los libros de biografías. Mientras buscaba una información en la Internet cautivó mi atención un artículo titulado «Los cinco lamentos más comunes antes de morir» publicado en el blog «Ideas para vivir mejor».[1] El blog reseña un artículo publicado en la revista gerencial *Harvard Business*

*Review* sobre las razones más comunes por las que las personas se
sienten mal antes de morir, de acuerdo a un estudio realizado por
una enfermera australiana que registró por años las que exponían
los moribundos. La enfermera, Bronnie Ware, pasó varios años
trabajando con pacientes en las últimas doce semanas de sus
vidas. Ella afirma que al final de sus días la gente logra una visión
extraordinaria de la vida, por eso es tan importante que aprove-
chemos para nuestro beneficio esa sabiduría. Ware dice que ninguno de los pacientes moribundos se lamentó de que le hizo falta
más sexo. He aquí los lamentos en que más coincidieron los
moribundos.

1. Unos se arrepintieron de no haber vivido de acuerdo a sus
   principios, por estar pendientes de la aprobación de los
   demás.
2. Otros de haberle dedicado tanto tiempo al trabajo, mientras
   la familia era desatendida.
3. Otros de no haber expresado sus sentimientos. Estos vivieron como una tumba que encierra silenciosamente todo lo
   que fue una vida.
4. Otros se quejaron de no haber compartido con sus amigos.
5. Por otro lado, estuvieron los que hubiesen querido ser más
   felices.[2]

Después de conocer las cinco razones más comunes por las
que los moribundos se lamentan, podemos concluir que mientras
las personas tienen juventud y salud, se olvidan de los temas
trascendentales como Dios, el tiempo, la muerte, la vida después
de la muerte, la familia, los principios, y corren desenfrenada-
mente por la vida creyendo que es una carretera que no tiene

final. Obvian las señales que les aperciben de peligros, y todo lo que tienen en su mente y en su corazón es el disfrute del momento, no importa lo que tengan que sacrificar porque tienen fuerzas, porque el ruido de la vida no les permite reflexionar sobre las cosas que no se pueden comprar con dinero. Pero la vida no se detiene ni un segundo a esperar que adquiramos sabiduría y siempre nos pasa factura.

Para muchos, el mejor momento para reflexionar es cuando se enfrentan con un incidente en el que su vida corre peligro; para otros, cuando ya la salud se ha ido, las energías escasean y por primera vez se sienten impotentes frente al paso del tiempo. En lugar de poder festejar, bailar y experimentar placeres, ahora lo único que pueden hacer es pensar, ver la película de su vida desde el momento final hacia atrás; pero lo triste es que ya no se puede volver a empezar. Ya la historia de sus vidas no admite edición alguna. Ahora solo pueden cambiar el rumbo de sus vidas arrepintiéndose, para poder estar en la presencia de Dios, pero no pueden comenzar una nueva historia, porque el tiempo de vivir aquí en la tierra ya pasó.

Cuando leemos estos lamentos de los moribundos notamos que ninguno dijo: hubiera querido más dinero, más poder, más fama o más placer. Ninguno añoró cosas con valor material, todos anhelaron lo que se puede tocar solo con el corazón. Porque esas son las que permanecen inmortales en nuestra vida y en la de quienes comparten su vida con nosotros. Todo lo que podemos palpar con nuestros sentidos dejará de ser en algún momento, pero el amor nunca deja de ser. Ese queda impreso en cada recuerdo, en la caricia, el abrazo, el beso, en todo lo que tocamos con nuestro amor.

Tengo un recuerdo bello de mi papá, que murió hace muchísimos años. Cuando yo tenía trece años, él compró un juego de sala para nuestra casa. Cuando me casé, nos regaló ese juego de sala y hasta el día de hoy conservo la butaca. Ahí están los bellos recuerdos de mi niñez, mis hermanos, mi mamá y mi papá. Guardo la butaca porque su tapizado está bordado con hilos de amor y ternura, no por el valor material. La Biblia dice: «Porque donde esté tu tesoro, allí estará también tu corazón» (Mateo 6.21, NVI). Mi tesoro ha sido el amor a Dios, a la familia y a mi prójimo, y todo lo que llegue a mi mano para hacer tiene que pasar por ese filtro. Eso me ha dado éxito en mi vida, porque en ellos, que son mi tesoro, he puesto toda mi pasión, les he dado lo mejor de mí.

Los moribundos añoraban todo lo que en la plenitud de su vida habían puesto en un segundo plano por haber hecho del dinero, el trabajo o los placeres, el centro de su existencia. Sin embargo, nada de eso había llenado su corazón. En el momento en el que se aproxima la muerte, cuando nuestra vida se ve al desnudo, queda al descubierto cuál ha sido nuestro tesoro, en qué fijamos toda nuestra atención. El nombre de nuestro tesoro determinará la dirección de nuestra vida porque de este depende el concepto que tendremos sobre la vida espiritual, el dinero, la familia, el éxito, el valor del tiempo y todo lo que tenga que ver con nuestra estadía en este mundo. Cuando el tesoro es el dinero, las personas llegan hasta corromperse por tenerlo; si es el trabajo, no importa el tiempo que se le quite a Dios y a la familia, el trabajo es primero. Podríamos llegar a decir: «Muéstrame tus acciones y te diré cuáles son tus verdaderas convicciones y tus prioridades», «Muéstrame tus acciones y te diré cuál es tu tesoro».

Aprendamos del estudio que hizo esta enfermera en la unidad de cuidado intensivo y evaluemos en dónde está nuestro tesoro. La Palabra de Dios nos dice: «Más bien, busquen primeramente el reino de Dios y su justicia, y todas estas cosas les serán añadidas» (Mateo 6.33, NVI). Centremos nuestro tesoro en el reino de Dios y su justicia porque actuando con esa conciencia, nuestra vida espiritual y emocional fluirá en orden, y tendremos la sabiduría para manejar nuestras finanzas y tener todas nuestras necesidades cubiertas. Como resultado obtendremos una vida equilibrada, y un final triunfante para nuestra vida terrenal y celestial.

### REFLEXIONEMOS...

1. ¿Cuál sería tu lamento si estuvieras agonizando ahora?
2. ¿En dónde está tu tesoro?
3. ¿Qué importancia tienen para ti el dinero y el trabajo?
4. ¿Qué lugar le asignas a Dios en tu vida?

RETO: *Atrévete a valorar tu vida, reorganiza tu orden de prioridades.*

# CAPÍTULO 4

# ATRÉVETE A CAMBIAR EL
## *RUMBO DE TU HISTORIA*

*Séneca, el filósofo español, dijo: «No hay buen viento para quien no sabe a* dónde va».[1] Por favorable que sea el viento para impulsar un barco de vela, si el capitán no sabe para dónde va, no llegará a un destino específico. Cuando la persona no sabe lo que quiere, puede llegar a excusarse diciendo que las circunstancias no son las mejores. Se pierden oportunidades excelentes cuando nosotros mismos no sabemos lo que queremos ni a dónde vamos, aunque el tiempo esté a nuestro favor. Traduciendo esa imagen de Séneca a lo que hacemos regularmente, podemos decir: «No hay buen sol para quien no quiere lavar». Por más que brille el sol, quien no quiere lavar siempre verá que no es suficiente el calor para secar la ropa.

Para decidir cambiar de dirección es necesario reconocer que lo que estamos haciendo nos dirige a un rumbo equivocado y que necesitamos incorporar a nuestra vida nuevas formas de pensar que nos dirigirán a maneras novedosas de sentir y de actuar que a su vez nos llevarán a nuevos resultados. ¡Atrévete a cambiar el rumbo de tu historia!

¿Te has preguntado por qué los cambios son tan difíciles para la mayoría de la gente? Es maravilloso ver el bien, el amor y la misericordia multiplicarse, pero resulta muy lamentable ver cómo se duplican las historias de los que se formaron en hogares en donde el maltrato era la forma básica de relacionarse. Se duplican con facilidad porque esas personas se han adaptado a lo que aprendieron desde que nacieron y lo repiten por la fuerza de la costumbre. Por lo general, saben que están mal, pero no pueden creer que sí pueden estar bien si cambian sus equivocadas estructuras de pensamiento. Creen que ya han fallado tantas veces que no es posible ordenar su vida. Han vivido sumergidas por tanto tiempo en los conflictos diarios que están convencidas de que esa es la forma normal y natural en la que viven también los demás. Su estructura mental está cimentada en el dolor y en la tragedia. Se han acostumbrado a vivir en estrés, por consiguiente, las amistades que atraen tienen historias similares que continuarán manteniendo su organismo en el estrés de siempre. Observemos cómo los alcohólicos se reúnen con los alcohólicos, los pesimistas con los pesimistas, los drogadictos con los drogadictos, los deambulantes con los deambulantes, los que viven mal económicamente con los que tienen ingresos similares, los que se divorcian con los divorciados, y preguntémonos, ¿quién ayuda emocionalmente a quien con una palabra de sabiduría, si están en un mismo escenario? Necesitamos compartir con personas que aunque hayan pasado por el valle del dolor, hayan aprendido lecciones de sabiduría que se reflejen en su manera de vivir. De lo contrario, serán individuos detenidos en la amargura de algún fracaso y ahora continúan vagando por la vida, contagiando a otros con su infección de «vida loca».

El ser humano repite una y otra vez, automáticamente, lo que aprendió por medio de la costumbre en su hogar de origen. En sus archivos mentales tiene acumulada toda su forma de actuar: la toma de decisiones, las maneras de manifestar coraje o indignación, en fin, todo lo relacionado con la manera de administrar su vida.

El doctor Joe Dispenza, estudioso de la mente humana, ha escrito artículos sobre la estrecha relación que existe entre la química cerebral, la neurofisiología y la biología, y el papel que estos tres elementos desempeñan en la salud física. En su libro, *Desarrolle su cerebro: la ciencia para cambiar la mente*, afirma que desde que llegamos a este mundo, cada persona, animal, objeto, época o tiempo de nuestra vida, son enlazados con un sentimiento específico hasta llegar a formar nuestra propia identidad según se van formando los circuitos neuronales que vamos desarrollando a medida que los reforzamos por medio de la costumbre.[2] Por ejemplo, la figura del hombre cada quien la asocia a un sentimiento y un concepto de acuerdo con sus experiencias. Si la relación con esa figura ha sido negativa, el sentimiento con el que se asocia por lo general es negativo. De ahí que oigamos a diario comentarios como este: «Todos los hombres son unos sinvergüenzas». Otro ejemplo es el dinero, lo podemos asociar con algo que es bueno para obtener lo que necesitamos o podemos asociarlo con algo negativo y despreciable que corrompe el carácter de quien se enriquece. De acuerdo a lo que aprendimos en el hogar formamos los conceptos que regirán nuestra vida, a menos que decidamos hacer los cambios correspondientes con un nuevo aprendizaje.

Dios, nuestro creador, nos manda a cambiar nuestros pensamientos por los de Él, para que nuestra manera de vivir cambie:

«No imiten las conductas ni las costumbres de este mundo, más bien dejen que Dios los transforme en personas nuevas al cambiarles la manera de pensar. Entonces aprenderán a conocer la voluntad de Dios para ustedes, la cual es buena, agradable y perfecta» (Romanos 12.2). La voluntad de Dios es que vivamos en paz, si no la tenemos, debemos evaluar nuestra vida con relación a los pensamientos de Él que están escritos en la Biblia.

Dispenza nos explica que cambiar lo acostumbrado es difícil porque implica romper con los circuitos neuroquímicos ya programados, para establecer otros nuevos, que son los que se generan con la nueva información aprendida que queremos integrar a nuestro sistema de pensamientos. Romper con lo acostumbrado es un acto de la voluntad, porque tiene que ser un esfuerzo consciente del individuo para poder cambiar esos circuitos que ya han sido programados por tantos años. La conciencia de saber que necesitamos hacer cambios y que ese ejercicio conlleva esfuerzo, dedicación y entrega, es lo que nos permite superarnos por encima de cualquier circunstancia. Pero ese esfuerzo es el que muchos evaden y prefieren optar por quedarse actuando con los circuitos neuronales que ya están instalados en su cerebro por la fuerza de la costumbre, que desactivarlos para darle paso a los nuevos pensamientos que formarán nuevos patrones de conducta a través de la repetición y la costumbre hasta que se integren de tal manera a nuestra vida, que los practiquemos automáticamente. ¿Te has dado cuenta de que es más fácil repetir un modelo de comportamiento que crear uno nuevo? No obstante, crear uno nuevo nos permite sentir una inmensa satisfacción y felicidad.

Un ejemplo que ilustra la dificultad que implica romper con la costumbre es la mujer o el hombre que se acostumbran a ser víctimas de maltrato. Han experimentado tanto daño que ya tienen ese

patrón instalado en su cerebro. Se han hecho adictos a los químicos que genera el cuerpo cuando se vive experimentando dolor.
Ahora esa persona lee este libro y se da cuenta de que puede cambiar su manera de vivir si cambia su modo de pensar. Decide sembrar en su sistema de pensamientos lo que significa: valorarse, ser
valorado por otros, ser una hija o un hijo de Dios, ser digno, y
entonces determina cambiar. Decide que ya no será la martirizada
de las circunstancias, ahora asumirá un papel protagónico en su
historia, se programará para lo que es digno y dejará el papel de
víctima en el pasado. Desde el momento en que comienza a ejercer
su voluntad y a actuar diferente a lo acostumbrado, el cuerpo deja
de elaborar los químicos que antes elaboraba cuando era maltratado. Ahora el cuerpo siente un desequilibrio, porque sus pensamientos cambiaron para bien, y el cerebro genera otros químicos
que el cuerpo no está acostumbrado a sentir. Así que al organismo
le hace falta experimentar las sensaciones de víctima que experimentaba antes, cuando tenía pensamientos de víctima. Dispenza
nos explica que nuestra identidad, ese patrón de costumbres que
nos definen, quiere regresar a las mismas sensaciones anteriores y
trata de influir en el cerebro para que regrese al estado que ya reconoce, el de víctima-maltrato (en el ejemplo que estamos plantean-
do), de tal manera que el cuerpo vuelva a sentirse como cuando era
víctima. Esto se debe a que el cuerpo anhela regresar a experimentar las mismas sensaciones que producían en él los actos de maltrato. Las sensaciones nuevas que ha producido el nuevo aprendizaje
no corresponden a las que los antiguos pensamientos producían.[3]

Es muy importante que tengamos presente que nuestro cuerpo
quiere identificarse con los pensamientos y las asociaciones que ya
estaban registrados en nuestro cerebro, por eso las personas

tienden a resistirse al cambio. Todo nuevo aprendizaje genera sensaciones nuevas que provocan incomodidad en nuestro ser, hasta que logramos incorporarlo a nuestros hábitos. Para lograrlo necesitamos vencer ese lapso de tiempo en el que sentimos incomodidad frente a esos nuevos elementos hasta llegar a convertirlos en una costumbre a fuerza de repetirlos una y otra vez. De esta manera logramos desaprender lo equivocado e incorporamos lo nuevo y beneficioso que aprendemos a nuestra historia.

¿Qué pasa cuando la «memoria de nuestro cuerpo» se enfrenta a un nuevo aprendizaje? La fuerza de la costumbre nos pide volver a hacer lo que está en la memoria de nuestro cerebro. Si cedemos y regresamos a nuestra antigua forma de pensar equivocada, el cuerpo se vuelve a sentir «bien», porque sigue practicando lo que ya conoce, pero desgraciadamente lo que hicimos fue volver a nuestra mala costumbre anterior, la que nos provocaba sufrimiento, en lugar de aprender el nuevo patrón de conducta que hubiera sido el que nos iba a beneficiar. Esto explica por qué las personas se hacen adictas al sufrimiento, al amor, a la queja, a la droga, al juego, a la pornografía, a vivir deambulando y a un sinnúmero de circunstancias que nos llevan a preguntarnos cómo es posible que esa persona padezca por tantos años tal o cual situación. La fuerza del pensamiento y la costumbre es poderosa. Por tanto, es necesario vivir conscientes, evaluar nuestros pensamientos y acciones para desechar lo que nos hace daño y darle paso a nuevos pensamientos de bien. Los cambios exigen fuerza de voluntad, perseverancia y paciencia, mientras nuestro ser se adapta a las nuevas sensaciones que estos producen, pero que nos liberan de la esclavitud de formas equivocadas de pensar y de vivir. Lo que el cuerpo te pide no es siempre lo que es mejor para tu vida espiritual y emocional.

La Palabra de Dios es liberadora y nos insta constantemente al cambio que nos dirige a vivir como hijos de luz:

Con la autoridad del Señor digo lo siguiente: ya no vivan como los que no conocen a Dios, porque ellos están irremediablemente confundidos. Tienen la mente llena de oscuridad; vagan lejos de la vida que Dios ofrece, porque cerraron la mente y endurecieron el corazón hacia él. Han perdido la vergüenza. Viven para los placeres sensuales y practican con gusto toda clase de impureza. Pero eso no es lo que ustedes aprendieron acerca de Cristo. Ya que han oído sobre Jesús y han conocido la verdad que procede de él, deshágense de su vieja naturaleza pecaminosa y de su antigua manera de vivir, que está corrompida por la sensualidad y el engaño. En cambio, dejen que el Espíritu les renueve los pensamientos y las actitudes. Pónganse la nueva naturaleza, creada para ser a la semejanza de Dios, quien es verdaderamente justo y santo. (Efesios 4.17–24)

Dios nos manda a ejercer nuestra voluntad dejando de practicar conductas dañinas que están fijas en la manera de pensar y, por consiguiente, se han perpetuado en la manera de actuar. Él sabe que nos hacen daño y nos separan de Él, por tanto nos exhorta a dejar esas viejas y malas costumbres arraigadas:

Así que dejen de decir mentiras. Digamos siempre la verdad a todos porque nosotros somos miembros de un mismo cuerpo. Además, «no pequen al dejar que el enojo los controle». No permitan que el sol se ponga mientras siguen enojados, porque el enojo da lugar al diablo. Si eres ladrón, deja de robar. En cambio, usa tus manos en un buen trabajo digno y luego comparte generosamente con los que tienen necesidad. No empleen un lenguaje grosero ni ofensivo. Que todo lo que digan sea bueno y útil, a fin de que sus palabras resulten de estímulo para quienes las oigan. No entristezcan al Espíritu Santo de Dios con la forma en que viven. Recuerden que él los identificó como suyos, y así les ha garantizado que serán salvos el día de la redención. Líbrense de toda amargura, furia, enojo, palabras ásperas, calumnias y toda clase de mala conducta. Por el contrario, sean amables unos con otros, sean de buen corazón, y perdónense unos a otros, tal como Dios los ha perdonado a ustedes por medio de Cristo. (Efesios 4.25–32)

Si podemos aprender una ruta mejor con un destino excelente, ¿por qué seguir viviendo en el desierto o en la esclavitud de la desobediencia? Dios quiere lo mejor para ti y para mí, pero si nos acomodamos al dolor, al sufrimiento y a la angustia a lo largo de nuestra historia, moriremos en el desierto espiritual, emocional y físico. En ese lugar no hay aguas que sacien nuestra sed, no hay árboles que nos den sombra y nos permitan descansar, las plantas son cactus con muchas espinas, el terreno es arenoso y no es cultivable. El desierto físico, espiritual y emocional es inhóspito para cualquier ser humano, pero ¿por qué tanta gente vive ahí? Porque pasan por la vida sin saber que han pasado, nunca soñaron, se acostumbraron a vivir en la desgracia y no desarrollaron la capacidad de imaginarse cómo sería vivir fuera del desierto emocional. En el fondo de su corazón pensaron que no merecían estar mejor. Ellos mismos se condenaron a vivir confinados a la escasez de amor y de superación, y se acomodaron al conflicto. De tal manera que ahí permanecieron hasta que murieron, aun cuando Dios tenía en su corazón amoroso todo lo que ellos necesitaban para vivir abundantemente. Pero el ser humano se acostumbra y amolda a todo lo que hace con regularidad, y lo repite como un autómata sin percatarse de que se le acaba el tiempo para hacer los cambios necesarios y vivir de forma diferente.

El ejemplo más claro lo tenemos en el pueblo de Israel. Ellos fueron esclavos de los egipcios por muchísimos años. Usando a Moisés como líder, Dios los liberó de aquel sufrimiento de la esclavitud para dirigirlos a la tierra prometida. Sin embargo, a pesar de que Dios tenía especial cuidado de ellos, a pesar de que de día les cubría con una nube para protegerlos del sol, de noche les seguía una columna de humo para calentarlos y diariamente les alimentaba con maná que caía del cielo con el rocío de la mañana, ellos no dejaban de quejarse:

Y la gente extranjera que se mezcló con ellos tuvo un vivo deseo, y los hijos de Israel también volvieron a llorar y dijeron: ¡Quién nos diera a comer carne! Nos acordamos del pescado que comíamos en Egipto de balde, de los pepinos, los melones, los puerros, las cebollas y los ajos; y ahora nuestra alma se seca; pues nada sino este maná ven nuestros ojos. Y era el maná como semilla de culantro, y su color como color de bedelio. El pueblo se esparcía y lo recogía, y lo molía en molinos o lo majaba en morteros, y lo cocía en caldera o hacía de él tortas; su sabor era como sabor de aceite nuevo. Y cuando descendía el rocío sobre el campamento de noche, el maná descendía sobre él. (Números 11.4–9, RVR1960)

La Biblia dice que Dios ante tanta queja se indignó de tal manera que habló a Moisés para que dijera a los israelitas que les iba a enviar carne hasta que se cansaran de ella:

Al pueblo sólo le dirás lo siguiente: «Santifíquense para mañana, pues van a comer carne. Ustedes lloraron ante el Señor, y le
dijeron: "¡Quién nos diera carne! ¡En Egipto la pasábamos
mejor!" Pues bien, el Señor les dará carne, y tendrán que comér-
sela. No la comerán un solo día, ni dos, ni cinco, ni diez, ni
veinte, sino todo un mes, hasta que les salga por las narices y les
provoque náuseas. Y esto, por haber despreciado al Señor, que
está en medio de ustedes, y por haberle llorado, diciendo: "¿Por
qué tuvimos que salir de Egipto?"». (Números11.18–20, NVI)

La queja, la desobediencia, la incredulidad y la ingratitud llevaron al pueblo de Israel a quedarse dando vueltas por el desierto
por cuarenta años en su ruta hacia la tierra que Dios le había prometido, un viaje que solo tomaba aproximadamente dos semanas.
Esas cualidades en el carácter de los israelitas fueron y siguen siendo enemigas de todo aquel que quiera alcanzar el verdadero triunfo en su vida porque ciegan el entendimiento de la persona. No le
permiten ver las bondades de Dios ni los beneficios que conlleva el
seguir su Palabra, ni le dirigen a decidirse a hacer los cambios y a
enfrentar los retos que este representa, para llevarlo a una vida
triunfante. Todo lo excelente cuesta entrega, sacrificio y esfuerzo,
pero qué maravilloso es sentir que hemos cumplido con lo que Él
nos manda por amor a nosotros mismos. Lo más triste de todo es
que los israelitas llegaron a acampar cerca de Canaán, pero excepto
Caleb y Josué, ninguno llegó a entrar a la Tierra Prometida. Su
desobediencia les llevó a morir en el desierto.

Las quejas les mantuvieron todos esos años dando vueltas en
un mismo lugar sin llegar a la Tierra Prometida de Canaán. Los
lamentos te distraen, te desenfocan, te detienen a pensar en lo que

no tienes, te impiden imaginarte la bendición que llegará después de la incomodidad que genera el cambio, no te permiten reconocer que en toda circunstancia, Dios está presente, aunque no le veamos ni le sintamos. Los israelitas estaban tan sumergidos en su lamento que prefirieron volver a la esclavitud con los egipcios, así como hoy día tantas mujeres y hombres quieren volver a su relación de maltrato porque les hace falta. Imagínate qué poderosa es la costumbre. El pueblo no estuvo dispuesto a salir de lo que ya le era conocido para hacer un cambio hacia un estado excelente como el que Dios le tenía preparado en la tierra de Canaán. Las quejas tampoco les permitieron una comunión con Dios, requisito indispensable para tener una visión amplia del camino que debían seguir. Mientras más estamos con Él, más pensaremos como Él, más actuaremos como Él y más nos pareceremos a Él.

Los israelitas preferían el pasado con su esclavitud porque era lo que ya conocían y a lo que estaban acostumbrados aunque fuera negativo, así no tendrían que enfrentar las incomodidades que traía el enfrentarse a las situaciones nuevas asociadas con el cambio. Todo cambio implica salir de la zona de comodidad, esa área en la que hacemos las cosas automáticamente porque ya el cuerpo ha memorizado lo que el cerebro le enseñó. Por eso tantas personas prefieren repetir malas costumbres en lugar de aprender nuevas porque así ya no tienen ni que pensarlas. La memoria del cuerpo las practica automáticamente y continúan arrastrando su pasado en una zona de comodidad, pero experimentando el dolor que causa toda conducta que no es congruente con la Palabra.

Dios tiene una ruta corta para las vidas que le obedecen, pero cuando el ser humano se torna rebelde, desobediente y quejumbroso, su falta de visión le dirige hacia la ruta más larga, la de los cuarenta años en el desierto, y lo peor es que muchos mueren sin llegar nunca a la «Tierra Prometida». Esa en la que se experimenta la paz y la satisfacción de vivir en armonía con Dios, con ellos mismos y con los demás.

Las siguientes preguntas te ayudarán a evaluar cómo estás viviendo: ¿Quién eres? ¿Quién te creó y para qué? ¿Cómo administras tu vida espiritual, emocional y física? ¿Hacia dónde te diriges? ¿Cuáles son tus metas? ¿Qué plan de acción has elaborado para lograrlas? ¿Qué importancia tiene para ti el pasado, te controla o tú lo controlas a él? ¿Cómo te visualizas en el futuro? Si te enamoras, ¿qué características buscas en una pareja? ¿Te conformas con cualquier persona o estás consciente de que mereces a alguien excelente? ¿Te casarías o te conformarías con convivir? ¿Cómo administras tu dinero? ¿Tienes una cuenta de ahorros o gastas todo lo que ganas? ¿Aceptas tu pasado y decides hacer cambios en el presente para construir un buen futuro o prefieres vivir lamentándote para siempre, pensando en lo que pudo hacer sido y no fue? ¿Culpas a otros por la condición en que te encuentras? ¿Vives quejándote constantemente de que eres así porque lo heredaste de tu hogar de origen y no haces nada por cambiar?

¡Tengo buenas noticias para ti! Tú y yo somos responsables de quienes somos hoy. El doctor Joe Dispenza explica que heredamos los conocimientos de nuestros padres, sus patrones de pensamientos y sus sentimientos como la base de la persona en que nos convertiremos y añade: «Pero eso es solo el cincuenta por ciento de quienes somos».[4] Quiere decir que tenemos otro cincuenta por ciento para desarrollar nuestro propio yo y hacer los cambios que queramos. Continúa explicando que los circuitos genéticos que heredamos son una plataforma sobre la cual nos ponemos de pie para comenzar nuestra vida. Cuando aprendemos algo nuevo, el cerebro hace nuevas conexiones neuronales, y para que el cerebro de un niño siga haciendo conexiones nuevas desde que nace, necesita unir lo nuevo a las conexiones ya existentes en donde se puedan enlazar.[5] Esa es la función de la plataforma que heredamos de nuestros padres. Es el lugar en donde se han de enlazar las nuevas conexiones que surgirán con todo lo que comenzamos a aprender desde que nacemos. Esos enlaces van formando lo que se conoce como mapas neuronales.

Dispenza explica que cada vez que aprendemos algo nuevo, diferente a lo que ya traemos de nuestra herencia, forjamos nuevas conexiones neuronales que son solo nuestras y el «yo» cambia, así se va formando nuestra identidad, lo que somos ahora tú y yo. Comenta que esa es la manera como la naturaleza le da un nuevo comienzo a cada individuo. Así que podríamos decir que nacemos con una base configurada con unas conexiones neuronales, pero es nuestra responsabilidad ampliar y hacer crecer esas conexiones de acuerdo a lo nuevo que aprendemos y a la interacción con nuestro ambiente. Quienes no se exponen a nuevos aprendizajes van rumbo a un destino genético limitado, porque se quedan activando solamente los circuitos que heredaron de sus padres.[6]

Si cada individuo enriquece la plataforma que heredó agregándole los nuevos aprendizajes, el «yo» de ese individuo va a crecer fortalecido y la plataforma que dejará a sus futuros hijos se irá nutriendo cada día más. De esa manera cada nueva generación comenzará con una plataforma más enriquecida. Pero desgraciadamente lo que estamos viendo a nuestro alrededor y en las noticias es que, por lo general, las personas siguen repitiendo el patrón equivocado de sus padres, por tanto, las plataformas se van quedando desnutridas y cada nueva generación se desarrollará más débil espiritual y emocionalmente. Se ha perdido en muchos el deseo de incorporar a Dios como base para edificar su vida, el anhelo por seguir un camino mejor y por superar las circunstancias.

El lugar de la superación y el aprendizaje lo ha tomado la depresión. Así que en vez de enfrentar los diferentes retos que nos llegan a todos, la gente se deprime, se queda inactiva durmiendo en el sofá de la depresión. Esa actitud frente a las situaciones la ven los hijos y entonces ellos piensan que esa es la forma de atender los problemas. Esto se convierte en una herencia para las otras generaciones que van surgiendo. Por tanto, no olvides nunca que Dios te ha capacitado para desarrollar tu «yo» a imagen y semejanza suya. En lugar de imitar lo negativo de tu hogar de origen, comienza a cambiar imitando la herencia de Dios en ti. Tú y yo fuimos formados a imagen y semejanza de Dios, ¿por qué resignarse a vivir sin aprender la buena herencia que Él nos ha dado? ¿Por qué conformarse con la pobreza emocional y espiritual que posiblemente muchos aprendieron de sus padres, en lugar de hacer los cambios necesarios para aprender del modelo que Dios nos dejó en la vida de su hijo Jesucristo?

Basta ya de quejarse, es tiempo de superarse. La vida como cualquier empresa necesita ser planificada. Donde no hay dirección, el caos prevalece y aun lo valioso perece, porque nunca se estuvo consciente de su valor. Quien no está consciente de su valor se diluye y se entretiene en el ruido de la vida, y lo más lamentable es que el reloj no se detiene a esperar en lo que la gente organiza su vida. Solo anuncia con su continuo tic, tac... que está restando tiempo de su existencia.

Si no hacemos cambios en nuestros viejos patrones de pensamiento, no cambiaremos nunca, aunque Dios nos regale una nueva vida en este mismo instante. Es como quien dice que se va a otro país para ver si su vida cambia. Si en su maleta emocional sigue con los trapos viejos malolientes, llegará con el mismo mal olor adonde quiera que vaya porque el problema no está en los demás, reside en nuestro propio ser. Lo que hiede de nuestra vida es necesario resolverlo: relaciones de amor enfermizas; relaciones de familia disfuncionales; adicciones a las drogas, al alcohol, al juego, a la pornografía, a relaciones amorosas; temores; ansiedades; complejos; culpas y toda clase de emoción dañina. Todo esto hace de tu historia un relato tétrico que continuará convirtiéndose en lo que será tu futuro, desperdiciando así las capacidades con las que Dios te creó.

El cambio no consiste en regresar al principio de tu historia o nacer en otra familia, es cambiar la manera de pensar para que tus actitudes, sentimientos y acciones generen resultados extraordinarios en la vida que Dios te ha regalado. Es mi anhelo que puedas enfocarte no en lo que has hecho hasta ahora, sino en lo que harás de ahora en adelante con las nuevas formas de pensar. Fíjate que el diccionario define *historia* como «la ciencia que estudia el pasado de las sociedades humanas».[7] Quiere decir que siempre que hablamos de nuestra historia estamos considerando eventos que ya pasaron y no podemos cambiar. Lo que sí podemos cambiar es nuestra actitud hacia esos eventos desde el momento en que adquirimos el conocimiento que antes no teníamos. Ese cúmulo de experiencias que te acompaña siempre a todas partes desde que naciste, es lo que se convierte en tu historia. ¿Qué has decidido hacer con ella? Solo nosotros mismos con la ayuda de Dios somos llamados a hacer una limpieza en nuestros archivos mentales para desechar lo que estorba y retrasa nuestro caminar, y así poder maximizar nuestras fortalezas.

Es indudable que nuestra historia pasada no la podemos cambiar, pero sí podemos transformar nuestro futuro si lo decidimos hoy mismo, trabajando nuestro presente. Porque a fin de cuentas tú y yo somos hoy el producto de nuestras decisiones pasadas. He conocido historias bellas de familias que han dejado un legado de bendición a sus generaciones y he visto familias destructivas que han sembrado infelicidad en el corazón de sus hijos desde que nacen. Pero es necesario señalar que he conocido a un sinnúmero de personas que se han levantado de un legado de infelicidad y han sabido romper con su historia negativa para dar comienzo a una nueva forma de vivir que se convertirá en una herencia positiva, no solo para ellos, sino para cada miembro de la nueva familia que formen. Esos sí son triunfadores.

Es innegable que cada uno de nosotros camina por la vida duplicando su historia, todo aquello que aprendió desde pequeño, sea bueno o malo. Por eso es esencial detenernos en nuestro caminar diario para evaluar si todas las acciones y actitudes que estamos repitiendo de nuestra historia son positivas y dignas, o si por el contrario, descubrimos que es necesario desechar muchas de ellas para desarrollar unos nuevos patrones de conducta que nos beneficien no solo a nosotros, sino a nuestra generación y a las que nos sucedan.

Pero, ¡qué difícil es para muchos dejar costumbres que están ya profundamente arraigadas en su cerebro y en todo su ser! ¡Qué triste es ver cómo el sufrimiento se duplica por generaciones y son menos los que llegan a decir: «Basta ya de sufrir porque voy a romper con la herencia de infelicidad de mi familia».

El doctor Joe Dispenza afirma que por muchos años los científicos creyeron que el cerebro estaba «instalado» en el ser humano, lo que implicaba que el cambio era imposible y que el sistema de respuestas y tendencias heredadas era su destino.[8] Este experto en el estudio de la mente humana explica que el cerebro posee elasticidad, quiere decir que es flexible, es maleable y puede adoptar otras formas. Por tal razón puede cerrar «antiguos senderos de pensamiento y formar nuevos, a cualquier edad y en cualquier momento».[9] En palabras todavía más sencillas, pero esperanzadoras: tú y yo podemos aprender y desaprender a cualquier edad. Podemos desechar cualquier idea que hayamos aprendido desde niños, porque no nos ha funcionado, y decidir aprender lo que nos beneficia emocional, espiritual y físicamente. Somos lo que pensamos. Dispenza asegura que «nuestros pensamientos se convierten en materia».[10] Lo que significa que nuestros pensamientos se convierten en acción. La psiquiatra Louann Brizendine, en su libro *El cerebro femenino*, coincide con Dispenza al afirmar que «la biología afecta poderosamente, pero no aherroja (no esclaviza, no encadena) nuestra realidad».[11]

Todo esto que hemos explicado parece un nuevo descubrimiento, sin embargo, Dios, quien es nuestro creador, desde el principio nos lo dejó escrito en su Palabra. En el libro de los Romanos vemos la importancia de los pensamientos en nuestra manera de vivir, por eso mismo nos advierte: «No se amolden al mundo actual, sino sean transformados mediante la renovación de su mente. Así podrán comprobar cuál es la voluntad de Dios, buena, agradable y perfecta» (Romanos 12.2, NVI). Todo lo que proviene de Dios es bueno para nuestra vida, por eso Él nos dice que no tomemos la forma de lo negativo que enseña el mundo actual, sino que transformemos nuestra vida a través de la renovación de nuestros pensamientos, conociendo la verdad de Dios. Esa es la fuente perfecta para aprender los nuevos pensamientos de sabiduría, amor, paz, templanza y dominio propio, que moldearán nuestro cerebro a la imagen de quien lo creó, independientemente de lo que nos rodee o hayamos aprendido del mundo exterior. Así que si se piensa bien, las acciones serán de bien porque como piensas, sientes, y como sientes, actúas. Si piensas que albergarás sentimientos de bien para todo el mundo, sentirás amor por todos y actuarás haciéndole bien a toda la humanidad, porque los pensamientos se convierten en materia.

## REFLEXIONEMOS...

1. ¿Cuándo una persona decide que necesita hacer cambios en su vida?
2. ¿Por qué los cambios son tan difíciles para la mayoría de la gente?
3. ¿Cuál es la diferencia entre la memoria del cuerpo y la memoria del cerebro?
4. ¿Por qué las quejas y los lamentos atrasan nuestro progreso espiritual y emocional?
5. ¿Cómo se forman las nuevas conexiones neuronales?
6. ¿Qué quiere decir Dispenza cuando expresa que todos heredamos una plataforma?

RETO: *Comienza a ampliar tu plataforma desde hoy.*

CAPÍTULO 5

# LA VIDA NO ES *UN CASINO*

*Yo desconocía la fascinación que tiene mucha gente por los casinos.* Lo descubrí en un viaje de negocios cuando mi esposo y yo viajamos a Las Vegas. Todos los hoteles que visitamos tenían un casino por el que había que pasar para tomar el ascensor que nos conducía a las habitaciones. Fue impresionante ver allí a personas de todas las edades, razas, clases sociales y hasta enfermas, con tanques de oxígeno, buscando «la suerte» que no es otra cosa que montarse en un carrito loco que no se sabe a dónde va a parar.

La vida no es un casino al que llegamos a jugar en la ruleta de la suerte para ver si mientras gira rápidamente acertamos detenerla donde dice «oportunidades y momentos felices», y si no tenemos «suerte», ¡qué tristeza!, nos tocará vivir en desgracia y ya no podremos hacer nada porque eso fue lo que determinó la ruleta de la vida. La vida no es un casino en el que puedes ganar o perder, es un taller en el que llegas a construir tu propia historia con las capacidades que Dios te dotó desde el momento en que te creó. Tú y yo somos responsables de cómo estamos viviendo hoy. Dios nos creó a su imagen y semejanza, pero cada uno decide trabajar para parecerse a Él o actuar para destruir la imagen de Él en su vida. Somos el resultado de nuestras decisiones y esas decisiones son el resultado de nuestros pensamientos. Cada uno escoge la fuente de donde los pensamientos se nutrirán. La fuente de la que se alimentan nuestros pensamientos es determinante en la historia que vamos desarrollando a lo largo de nuestra existencia. La Biblia nos dice:

> No se dejen engañar: nadie puede burlarse de la justicia de Dios. Siempre se cosecha lo que se siembra. Los que viven sólo para satisfacer los deseos de su propia naturaleza pecaminosa cosecharán, de esa naturaleza, destrucción y muerte; pero los que viven para agradar al Espíritu, del Espíritu, cosecharán vida eterna. Así que no nos cansemos de hacer el bien. A su debido tiempo, cosecharemos numerosas bendiciones si no nos damos por vencidos. Por lo tanto, siempre que tengamos la oportunidad, hagamos el bien a todos, en especial a los de la familia de la fe. (Gálatas 6.7–10)

¿Quieres escribir una buena historia para tu vida? Es necesario escribir un buen libreto basado en el manual de instrucciones de quien nos creó, Dios. Por eso el pasaje bíblico del apóstol Pablo a los gálatas nos advierte que no nos dejemos engañar por lo que nos ofrece el mercado de placeres del mundo, porque finalmente nadie puede escapar de la justicia divina. Así que todo lo que sembramos en la vida, es lo que vamos a cosechar. Si sembramos placer, recogeremos destrucción y muerte, mientras que si sembramos lo que alimenta nuestro espíritu, cosecharemos paz y vida eterna. Por tanto, es necesario impregnar nuestros pensamientos de los principios divinos, para que estos produzcan los buenos sentimientos que se traducirán en buenas acciones, las cuales darán como resultado una historia excelente. Esto no quiere decir que tendremos una vida perfecta carente de dolor. Significa que aun en el dolor podremos remontarnos hacia las alturas porque nuestra confianza en sus promesas nos permite pasar por el valle de la angustia con la certeza de que Él nos lleva en sus brazos. Fíjate en lo que dice el salmista: «El SEÑOR es mi pastor; tengo todo lo que necesito. En verdes prados me deja descansar; me conduce junto a arroyos tranquilos. Él renueva mis fuerzas. Me guía por sendas correctas, y así da honra a su nombre. Aun cuando yo pase por el valle más oscuro, no temeré, porque tú estás a mi lado» (Salmos 23.1–4).

El salmista nos presenta a un Dios con el que se identifica personalmente cuando dice: «Jehová es mi pastor». El adjetivo posesivo mi implica una relación estrecha entre Dios y él porque se comunican íntimamente y él se somete a la dirección que le imparte su pastor porque se siente como una oveja que pertenece al rebaño de Dios. Como miembro de ese rebaño, está seguro porque su pastor le conduce a verdes prados en donde encuentra buen alimento, le lleva a arroyos tranquilos en los que sacia su sed, renueva sus fuerzas cuando está cansado y lo dirige siempre hacia caminos correctos que demuestran que es hijo de un Dios grande y poderoso. Por eso el salmista honra su nombre y se siente tan seguro. Cuando llega el momento difícil, peligroso o doloroso, el salmista no tiene miedo porque sabe que Dios no lo va a abandonar y permanecerá a su lado por siempre.

La Biblia, que es la Palabra que sale de la boca de Dios, nos deja ver que la vida no es cuestión de suerte, pero sí es un asunto de *decisión* de la senda que vamos a escoger para caminar. Cada decisión marcará el mañana que vamos a vivir. Cada decisión marca nuestra historia y puede cambiar el rumbo completo de nuestra vida.

Conocí a una mujer de unos cincuenta y tres años de edad que me narraba en consejería su dolorosa historia y cómo lamentaba los horrores que había cometido en su vida porque no solo la habían afectado a ella sino también a todos sus hijos. Los resultados de sus malas decisiones los veía ahora cuando sufría en carne propia las consecuencias. Su hija había escogido el libertinaje siguiendo los pasos de ella; sus hijos varones seleccionaron el camino de la depresión y ella había vivido ya con cuatro hombres que le añadieron dolor a su vida en lugar del amor que había buscado siempre.

¿Qué le dije a esa mujer? Siempre hay una oportunidad para cambiar, para acercarse a la presencia de Dios, obtener su perdón y comenzar una nueva vida, pero mientras más se espera para tomar esa radical decisión, con más consecuencias tendremos que cargar. Por ejemplo, tienes un problema de alcoholismo, no buscas ayuda para dejar el mal hábito y llega el momento en que tienes un accidente conduciendo borracho. Las consecuencias pueden ser varias: quedar en un sillón de ruedas, multas, muerte de otras personas, cárcel, entre otras. Además, pérdida de la relación familiar, porque el foco de atención del alcohólico es la bebida. Si ya hemos visto las tristes consecuencias de las malas decisiones que tomaron otros y las historias de éxito que vivieron los que actuaron bien, ¿por qué seguir repitiendo las historias de amargura que tus padres o quienes te criaron te enseñaron? Ellos, a su vez, aprendieron y repitieron las de sus padres, en lugar de imitar la buena manera de vivir de los que están marcando la diferencia y están brillando en su hogar, en el trabajo y en dondequiera que se muevan por su buena manera de vivir. ¿Por qué no te conviertes en la persona que rompe la herencia familiar de formas equivocadas de vivir?

¿Qué historias vienes heredando? Hay familias que dejan un legado de amor y superación a sus hijos, pero hay otras en las que se puede trazar un patrón de alcoholismo, divorcio, suicidio, depresión, mal crédito, dependencia del gobierno, enfermedades nerviosas y una lista de cosas casi interminable. La buena noticia es que todos podemos cambiar el curso de una mala herencia familiar. Porque cada uno de nosotros es responsable de lo que decide hacer con la historia que heredó. Claro está que como padres y madres debiéramos estar bien conscientes de la influencia poderosa que ejercemos en el desarrollo físico, emocional y espiritual de nuestros hijos.

Es necesario estar consciente de que la vida no es un casino, no es cuestión de suerte. Es decisión y acción. ¿Por qué es tan importante reconocer que cada uno de nosotros es responsable de lo que ha llegado a ser y de lo que ha vivido? Para estar conscientes de que la calidad de vida que experimentemos no depende de lo que otros hagan por nosotros, sino de lo que nosotros mismos decidamos hacer. No caigamos en el error del adulto que se excusaba de su condición diciendo: «La vida hizo que yo dejara mis estudios por eso fue que no pude...». Otro dijo: «¿Cuándo me permitirá Dios dar un viaje de vacaciones?». Yo le puedo contestar esa pregunta: cuando te esfuerces más en tu trabajo, aprendas a ahorrar y tu vida espiritual sea congruente con tu vida emocional. Dios hará lo imposible, pero a ti y a mí nos toca hacer lo posible. Otra persona me preguntó: «¿Cómo me saco del corazón este amor por un hombre casado?». Cuando decidas vivir por los principios divinos en lugar de vivir por lo que te gusta y te da placer. Cuando practiques el mandamiento: «No adulterarás». El amor es una decisión y cuando una emoción está sobre un principio, no hemos fortalecido nuestra vida espiritual. Por eso, siempre debes evaluarte y preguntarte: «¿Dónde está mi tesoro?». Cuando nuestro tesoro es amar a Dios sobre todas las cosas y al prójimo como a nosotros mismos, toda nuestra forma de vida es diferente a la de quienes tienen su tesoro depositado en su «yo». Cuando amo a Dios, quiero honrarlo y respetarlo; cuando me amo a mí, quiero honrarme y respetarme; y cuando amo a mi prójimo, quiero honrarlo y respetarlo. ¿Cómo enamorarme y faltarle el respeto a Dios, a mi prójimo y a mí? Ama siempre, por encima de las diferencias y hazle a otros todo lo que te gustaría que hicieran contigo. Por el contrario, cuando la persona coloca el placer en primer lugar, este ahoga cualquier principio que se quiera levantar, y la pasión es la que rige su vida.

Continuemos reflexionando y ahora piensa en algo que no has logrado hacer todavía, evalúa tu calidad de vida física, espiritual y emocional, y escribe en los espacios en blanco tus contestaciones. ¿A quién estás culpando de tu condición? _____. Ahora, sustituye el nombre de esa persona que has escrito, coloca el tuyo y repite: lo que no he hecho es mi responsabilidad. Yo _____ no he logrado esto, pero de ahora en adelante tomo control de mi vida y con la ayuda de Dios hago un plan de acción para hacerlo. Tú y yo somos los arquitectos de nuestro edificio llamado vida. ¡Cambiamos nuestra manera de vivir cuando reconocemos los errores que hemos cometido! Si nuestra manera de vivir dependiera de otros, entonces solo podríamos cambiar si ellos decidieran hacerlo. ¡Qué buena noticia saber que el cambio solo depende de mí y de la ayuda de Dios! Yo hago lo posible y a Dios le dejo lo imposible.

# REFLEXIONEMOS...

1. ¿De qué fuente se nutren tus pensamientos?
2. ¿Es determinante la influencia de nuestros padres o cuidadores en lo que será nuestra propia historia?
3. ¿Qué importancia tienen nuestras decisiones en el desarrollo de nuestra historia?
4. ¿A quién estás culpando por lo que no has logrado en tu desarrollo personal?
5. ¿De quién o quiénes dependen los cambios que debemos hacer en nuestra manera de vivir?

**RETO:** *Hoy, con la ayuda de Dios y su sabiduría, me comprometo conmigo mismo y con Dios a lograr lo que pensaba que era imposible.*

# CAPÍTULO 6

# LA HISTORIA DEL
## *PATITO FEO*

*Siempre me han fascinado las historias porque de ellas también he* aprendido mucho. Hoy quiero recordarte con un corto resumen el cuento que la mayoría de nosotros escuchó cuando era niño, *El patito feo*, escrito por Hans Christian Andersen. La señora pata empolló unos huevos por un tiempo y cuando ya estaban listos, los huevos comenzaron a romperse y a salir patitos de estos. El último huevo tardó mucho en romperse y cuando por fin se rompió el cascarón, mamá pata se sorprendió porque el patito que salió de allí era muy diferente a sus hermanitos. Ella lo vio grande y feo. Al ser rechazado por todos, el patito feo decidió escapar de la granja y comenzó a visitar varios lugares para ver a qué grupo pertenecía. (Si el patito hubiese sido una persona y hubiera visitado al psicólogo o al consejero, le habrían dicho que necesitaba conocer cuál era su identidad.)

Finalmente, el patito feo llegó a un estanque en el que había unas bellas aves que lo recibieron con alegría y entusiasmo. Eran unos preciosos cisnes. Al principio, el patito feo no creía que perteneciera a ese grupo, porque debemos recordar que él pensaba que era muy feo, pero cuando se vio reflejado en el agua se dio cuenta de que también era un bello cisne.[1]

Imagínate si aquel patito feo hubiera crecido con la imagen que los demás habían visto en él y que él mismo al principio también creyó. El animalito se hubiera quedado amargado en el grupo sin disfrutar su verdadera identidad, hubiera llegado a morir con una imagen incorrecta y se habría privado de conocer su verdadera identidad, la de un bello y majestuoso cisne.

¿Cuál es tu historia? ¿Te has sentido como el patito feo porque eres diferente a los demás? ¿Te has quedado en el lamento sin comenzar la búsqueda de tu verdadera identidad? Hoy comenzaremos el viaje hacia tu verdadera identidad y al final te darás cuenta de que no tienes que ser esclavo de tu historia. Dios te ha dado la libertad de convertirte en un bello cisne que se remonta por encima de las circunstancias. Cada uno de nosotros llegamos a este mundo con una historia, pero con la capacidad de decidir si seremos víctimas de las circunstancias o si, por el contrario, nos convertiremos en protagonistas de una vida mejor que podrá transformar no solo el curso de nuestra existencia individual, sino también el de la familia que formaremos cuando nos llegue ese momento. Todos podemos convertir la herencia negativa que nos pueden haber dejado nuestros padres, en una preciosa vida de amor, perdón y superación.

A diario vemos ejemplos de personas que se quedan paralizadas en la tragedia de su historia y a otras que deciden superarla. Hoy

visité una sala de emergencia con mi mamá. El médico que la aten-
dió, un hombre altísimo y fornido, me dijo en un tono alegre, lleno
de satisfacción y ternura: «Yo amo a mi esposa y a mis hijos con todo
mi corazón. Llevamos veinticinco años de casados y me sorprende
cómo compañeros médicos de mi edad están divorciados y recasa-
dos dos y tres veces. La relación con mis hijos ha sido maravillosa,
son los mejores hijos, pero los he criado con amor, y en nuestro
hogar mi esposa y yo hablamos mucho con ellos y nos divertimos
mucho juntos». Continuó explicándome que siempre había creído
que la disciplina con amor se graba en el corazón. Concluyó diciéndome, con la satisfacción de un proyecto cumplido, que en cuatro
años más sus hijos se convertirán en dos médicos. Pero lo que más
me impactó de él fue el final de su historia: «Yo fui un niño que
sufrió todo tipo de maltrato de sus padres, pero decidí que iba a ser
diferente con mi esposa y con mis hijos». Esta última aseveración me
hizo ver a aquel hombre de un metro ochenta como un gigante porque fue capaz de romper las costumbres equivocadas que sus padres
imprimieron en todo su ser a lo largo de su niñez. ¡Ese médico es un
triunfador, porque venció su historia negativa y nutrió a sus hijos
con un legado diferente al que sus padres le dejaron!

La palabra clave fue *decisión*. Esto sí es una hazaña digna de
reseñar porque por lo general la gente duplica lo que ya aprendió, lo
que ya todo su ser ha memorizado y responde automáticamente por
la fuerza de la costumbre. Por esa razón es tan difícil desaprender
malos hábitos y aprender nuevas formas de vivir. Solo los que hacen
uso de una parte de su ser que se llama voluntad, son capaces de
hacer cambios, conscientes de que lo aprendido desde la niñez les
hace daño. Las decisiones son ejercicios de la voluntad. El diccionario define *voluntad* como «la facultad de hacer o no hacer una cosa».[2]

La voluntad nos lleva a la restauración o a la destrucción. Ejercerla implica detener el motor automático de nuestra existencia que nos dirige a repetir lo que ya sabemos hacer porque nos permite estar en la zona de comodidad, aunque no sea bueno. No obstante, todo cambio conlleva esfuerzo, disciplina, entrega y compromiso, lo que hace que tengamos que salir de nuestra zona de comodidad, en la que ya lo hacíamos todo automáticamente, para aprender nuevas formas de vivir que nos dirigirán a un cambio de dirección. Quienes se superan ven que siempre hay un camino mejor que aprender.

Mis amigas y amigos queridos, lo que es bueno se repite y se continúa perfeccionando para llegar a la excelencia; lo que es malo y doloroso se perdona, se deja atrás y jamás se vuelve a saborear su amargura.

En una sesión de consejería un hombre de treinta años de edad, divorciado, con tres hijos, me decía que era imposible que él se pudiera abrir paso en la vida con la historia que cargaba: hijo de padres divorciados, una madre que lo rechazó siempre, un padre que sobrellevó demasiado el maltrato de su esposa con él y con sus hijos. Saboreando su amargura, ese hombre ahora estaba desempleado, su papá le decía que se tenía que esforzar por superarse, y él me decía que era imposible salir adelante sin dinero y sin la unidad familiar que otros disfrutaban. Él mismo había levantado una muralla de imposibilidades. Le expliqué que el dinero suple materialmente, pero no equipa la vida espiritual y emocional con lo necesario para convertir a una persona infeliz en otra feliz ni convierte a alguien que piensa que no tiene herramientas para abrirse paso, en una persona que desarrolla una fe que mueve montañas. Porque el dinero no transforma ni la mente ni el corazón, solo llena espacios materiales vacíos que son beneficiosos cuando ya tu vida espiritual y emocional está llena. Te sientes feliz y tienes la habitación de tu casa nueva, vacía; si tienes dinero compras un juego de cuarto y ya llenaste la habitación. Por el contrario, te sientes miserable, incompleto e infeliz y tienes la casa nueva con la habitación vacía; tienes el dinero y compras el juego de cuarto, pero sigues siendo la misma persona infeliz con una habitación amueblada. Llenaste la habitación, pero no el corazón.

Mientras hablaba con el hombre vino a mi memoria la historia de Bárbara Piasecka Johnson y aproveché el momento para narrarle la historia de esa mujer a quien el dinero le concedió bienes y fama, pero no le otorgó la felicidad, que estoy segura ella siempre anheló. El titular decía: «De sirvienta a millonaria: una vida de telenovela mexicana». El artículo narraba la historia de una joven polaca que había llegado a Nueva York con unos cuantos dólares en el bolsillo, había sido contratada como sirvienta en la casa de una de las familias más ricas de Estados Unidos y la manera en que había cambiado su historia cuando el heredero del imperio que había construido aquella familia se enamoró de ella y se casaron. Hasta aquí el relato parece sensacional, pero el dinero solo no teje las historias de paz, sosiego y felicidad. Años más tarde el heredero murió y ella se convirtió en una de las mujeres más ricas del mundo, enfrentándose a la ira de la poderosa dinastía de productos farmacéuticos, Johnson & Johnson, hasta que ella murió en su natal Polonia a los setenta y seis años.[3]

Continué explicándole a aquel hombre que estaba sentado frente a mí lamentándose y llorando su historia familiar, que la primera impresión que provoca la noticia es de sorpresa y admiración porque la mujer, repentinamente experimentó un «golpe de suerte». Pero Jerry Oppenheimer, autor de la biografía de los Johnson, comenta que la realidad que definió la vida de Bárbara Piasecka Johnson hasta que murió en Polonia, estuvo llena de contiendas, peleas, críticas y enfrentamientos, principalmente con los seis hijos de su esposo que quedaron excluidos del testamento y de la fortuna Johnson & Johnson. Oppenheimer, quien ha escrito biografías de otros íconos estadounidenses, entre ellos Hillary y Bill Clinton, afirma en la biografía de los Johnson: «la vasta fortuna de esta dinastía fue tan tóxica como nociva para las generaciones de esta familia que dio al mundo las "curitas" y el aceite de bebé».[4]

Ni el lamento ni el dinero transforman una historia en una de superación digna de emular. Con este ejemplo le pude explicar con claridad a aquel hombre que se había victimizado, que el dinero no transforma la vida de ninguna persona en una historia de superación y satisfacción, porque no tiene el poder de transformar el corazón del ser humano que es donde se encuentra la voluntad. T. Harv Eker, autor del libro *Los secretos de la mente millonaria* afirma que diferentes investigaciones demuestran que la mayoría de las personas ganadoras de la lotería, al final terminan regresando a su estado original. ¿Sabes por qué? El dinero cambió su situación externa: «ahora son millonarios porque tienen dinero, pero no cambió su interior, su manera de pensar que es la que les capacita para saber administrarlo, sigue siendo pobre».[5] Una vida triunfante tiene una mente sabia para administrar todas las áreas de su ser.

No podemos cambiar nuestro mundo exterior si no hemos cambiado nuestro mundo interior. Lo que se ve refleja lo que está en el interior de cada uno de nosotros. Por eso cuando los fariseos cuestionaron a Jesús sobre por que sus discípulos desobedecían la antigua ceremonia de lavarse las manos antes de comer, Jesús les contesta con firmeza que lo que contamina al hombre no es lo que come, sino lo que está en su corazón. Lo que come el hombre lo elimina en sus procesos fisiológicos, pero la maldad de su corazón no sale con jabón ni comiendo mucha fibra. En este tiempo posiblemente Jesús les hubiera dicho: el problema no está en una bacteria, está en el corazón. Jesús continúa diciéndoles: «Pues del corazón salen los malos pensamientos, el asesinato, el adulterio, toda inmoralidad sexual, el robo, la mentira y la calumnia. Esas cosas son las que los contaminan. Comer sin lavarse las manos nunca los contaminará» (Mateo 15.19–20).

¿En qué parte de la historia de tu vida estás? ¿Necesitas transformarla radicalmente, o ya la empezaste a transformar y solo debes continuar tu proceso de superación diaria? Cualquiera que sea tu contestación, encontrarás respuestas para ti, porque todos podemos cambiar cuando hay voluntad y depositamos nuestra confianza en el Dios que nos ama.

## REFLEXIONEMOS...

1. ¿Te sientes esclavo de tu historia?
2. ¿Cómo te ves a ti mismo, cómo el patito feo o como el cisne?
3. ¿Conoces cuál es tu verdadera identidad? Descríbela.
4. ¿Crees que todo el que ha sido maltratado, maltratará? ¿Por qué?
5. ¿Puedes identificar cuál es tu zona de comodidad?
6. ¿Por qué la mayoría de las personas que ganan la lotería terminan regresando a su estado original?

RETO: *Atrévete a salir de tu comodidad y transforma tu historia.*

# PARTE 2

## *¡DECÍDETE A* TRIUNFAR!

# CAPÍTULO 7

# DECÍDETE A TRIUNFAR...
# ¡A PESAR DE *TU HISTORIA!*

*La interpretación de la sociedad y del mundo en que ha vivido el ser* humano a lo largo de la historia hasta nuestros días, parece sencilla a simple vista, pero no lo es. No obstante, cuando se estudian otras épocas y los movimientos históricos que se han dado, podemos observar cómo la forma en que el hombre interpreta la vida y sus circunstancias ha ido evolucionando con el paso de los años. Es así como podemos comprender mejor la época en que nos ha tocado vivir y que se le ha llamado postmodernismo. Trazar la ruta de la evolución del pensamiento desde la filosofía premodernista hasta el postmodernismo que estamos viviendo hoy, es como tener una vista aérea de las diferentes formas de interpretar la vida y de las circunstancias que crearon el terreno fértil para que surgieran paulatinamente nuevas formas de pensamiento. Filosofías que tienen aspectos positivos y negativos, pero que denotan un cambio en la manera de concebir la vida y en la forma de definir lo que significa triunfar.

La palabra *triunfar*, de acuerdo al diccionario, significa «quedar victorioso, resultar vencedor»;[1] no obstante, en este tiempo postmodernista la definición se asocia con el poder, la fama y el dinero. Es necesario describir brevemente la época para que podamos comprender mucho mejor por qué se ha desvirtuado la palabra triunfar y se usa tan livianamente.

Para el hombre postmoderno han muerto la fe y la esperanza. La verdad ya no se concibe como única y absoluta. Es como si hubiera un mercado de verdades y cada quien comprara la que prefiriera. Esta es la época de la relatividad y los contrastes. Nada es malo, todo es relativo.

El hombre de este siglo es individualista y narcisista, se preocupa más por su persona que por los demás. Esa actitud ya encierra la semilla de su desgracia, de su soledad emocional y espiritual. El individuo contemporáneo valora las emociones personales por encima de la razón. Ante toda esta atmósfera de pesimismo, el postmodernista piensa que no existen posibilidades de cambiar o mejorar la sociedad. Por tanto, si no hay posibilidad de mejorar el mundo, decide vivir plenamente el momento presente. Cuando el individuo postmodernista habla de vivir plenamente se refiere a que todo es permitido después que le haga sentir placer y felicidad. Esta forma de pensar revela también la crisis ética que se manifiesta en la ausencia de reglas. En este tiempo, toda ley o norma que vaya en contra de la felicidad personal se ignorará. Lo que determina la moralidad son las preferencias y los sentimientos del yo. Ya no es importante lo que está bien, sino lo que da placer al individuo.[2]

Antonio Cruz, teólogo y escritor español, explica cómo los centros comerciales son las catedrales del individuo postmoderno porque el consumo se ha convertido en la religión que promete felicidad inmediata. El ser lo define el poder adquisitivo que tenga el individuo. Si la persona no puede comprar, deja de ser, por esa razón el triunfo está tan ligado al poder y al dinero. Eres un triunfador si puedes tener cosas, no si te has superado espiritual y emocionalmente, si tienes una familia sana y feliz, si tienes una reputación intachable, si has superado tus limitaciones o si cada día eres mejor que el día anterior.

Otra característica que predomina en esta época es la cultura del ocio[3] que se percibe en la cantidad de opciones que hay para matar el tiempo. Se llega a matar el tiempo hasta con las relaciones humanas y sexuales que se anuncian en periódicos, revistas, radio y otros medios. En este sentido es como si las personas necesitaran anunciarse y ponerse en «especial» para poder tener el amor y la amistad de otros.

Lo más importante en esta época es que se glorifica el valor del individuo y el derecho que tiene de realizarse y ser libre, aunque con su supuesta realización dañe a otros. Así que en honor a esto celebra la cultura del placer sin pensar en los demás. Cruz comenta cómo el mandamiento bíblico: «Amarás a tu prójimo como a ti mismo» ha sido transformado en el postmoderno «Ámate a ti mismo y olvídate de tu prójimo». El prójimo del postmoderno es él mismo y solo él. Las personas ya no se definen por su existencia sino por su apariencia. Lo importante no es «ser» sino «parecer». Lo que importa es la imagen, lo artificial, lo que no es la realidad. De ahí la importancia y el auge que han tomado las diferentes marcas de ropa, relojes, autos, carteras y todo lo que define la apariencia de alguien.

El hombre contemporáneo no solo ha perdido la esperanza, también carece de un mapa para caminar por la vida, no sabe de dónde viene ni hacia dónde va e ignora cuál es su verdadera identidad. Esta es la cosmovisión de nuestros tiempos, pero no es la visión de Dios. Cuando leemos el salmo 1, vemos el contraste entre lo que significa el triunfo para el hombre de este siglo y lo que significa para Dios:

> Qué alegría para los que no siguen el consejo de malos, ni andan con pecadores, ni se juntan con burlones; sino que se deleitan en la ley del SEÑOR meditando en ella día noche. Son como árboles plantados a la orilla de un río, que siempre dan fruto en su tiempo. Sus hojas nunca se marchitan, y prosperan en todo lo que hacen. ¡No sucede lo mismo con los malos! Son como paja inútil que esparce el viento. Serán condenados cuando llegue el juicio; los pecadores no tendrán lugar entre los justos. Pues el SEÑOR cuida el sendero de los justos, pero la senda de los malos lleva a la destrucción. (Salmos 1)

Triunfamos en la vida cuando nos deleitamos en practicar los consejos de Dios que están en su Palabra y procuramos todos los días de nuestra existencia ser mejores que el día anterior. El salmista compara la vida del hombre justo que está plantado en los principios divinos con el árbol que está sembrado a la orilla del río, en donde las aguas siempre le están alimentando. Sus hojas no se marchitan, no se secan y da su fruto en el tiempo preciso. Todo lo que hace el justo prospera porque su vida es un libro abierto. Su vida interior está en orden, por tanto sus acciones reflejan la armonía que hay en su corazón. Un triunfador deja ver la congruencia entre lo que piensa, lo que siente y lo que hace, es una persona íntegra. Por eso, ¡necesitamos triunfar a la manera de Dios!

- ¡Decídete a triunfar... Nace de nuevo!
- ¡Decídete a triunfar... Vive en armonía con Dios, contigo y con los demás!
- ¡Decídete a triunfar... Reconoce que Dios te creó con un propósito!
- ¡Decídete a triunfar... Desarrolla al máximo los talentos que Dios te ha dado!
- ¡Decídete a triunfar... Mira al futuro, planifica tu vida, traza el plan de acción!
- ¡Decídete a triunfar... Administra bien tu dinero!
- ¡Decídete a triunfar... Administra bien tu tiempo!
- ¡Decídete a triunfar... Identifica los malos hábitos, sustitúyelos por buenos y practícalos!
- ¡Decídete a triunfar... Valora a tu familia!
- ¡Decídete a triunfar... Mantén siempre una actitud optimista!
- ¡Decídete a triunfar... Capacítate para ser efectivo en todo lo que te desempeñes!
- ¡Decídete a triunfar... La vida es un reto, pero no te preocupes, eres un vencedor!
- ¡Decídete a triunfar... Los errores no nos descalifican, nos muestran lo que debemos mejorar!
- ¡Decídete a triunfar... Selecciona bien tus amistades!
- ¡Decídete a triunfar... Confía en Dios!
- ¡Decídete a triunfar... Ten grandes sueños!
- ¡Decídete a triunfar... Sé feliz!

- ¡Decídete a triunfar... Abre tus ojos al mundo de las posibilidades!
- ¡Decídete a triunfar... Ama y nunca odies!
- ¡Decídete a triunfar... Perdónate y perdónales a otros los errores y horrores pasados!
- ¡Decídete a triunfar... Valórate a ti y valora a los demás!
- ¡Decídete a triunfar... Valora lo que tienes mientras logras lo que sueñas!
- ¡Decídete a triunfar... Comunica asertivamente tus ideas!
- ¡Decídete a triunfar... Actúa con sabiduría!
- ¡Decídete a triunfar... Desarrolla criterio propio!
- ¡Decídete a triunfar... Aprende a decir no sin sentirte culpable!
- ¡Decídete a triunfar... Dile adiós a las malas amistades!
- ¡Decídete a triunfar... Toma buenas decisiones!
- ¡Decídete a triunfar... Sé fiel a tus principios!
- ¡Decídete a triunfar... Cuida tu reputación!
- ¡Decídete a triunfar... Aférrate a la verdad!
- ¡Decídete a triunfar... Cuida tus palabras!
- ¡Decídete a triunfar... Practica el dominio propio!
- ¡Decídete a triunfar... Dile adiós a la crítica!
- ¡Decídete a triunfar... Asume tu responsabilidad, no culpes a los demás!
- ¡Decídete a triunfar... Establece límites en las relaciones interpersonales!
- ¡Decídete a triunfar... Cultiva buenas relaciones interpersonales!
- ¡Decídete a triunfar... Evita relaciones destructivas!
- ¡Decídete a triunfar... Dile adiós al conformismo!

- ¡Decídete a triunfar... Dile adiós a la queja!
- ¡Decídete a triunfar... Dile adiós a la víctima!
- ¡Decídete a triunfar... Decídete a construir tu autoestima!
- ¡Decídete a triunfar... Dile adiós a la depresión!
- ¡Decídete a triunfar... Administra bien el tiempo!
- ¡Decídete a triunfar... Administra bien el dinero!
- ¡Decídete a triunfar... Cultiva tu intelecto!
- ¡Decídete a triunfar... Valora tu trabajo!
- ¡Decídete a triunfar... Abandona tu zona de comodidad!
- ¡Decídete a triunfar... Evalúa bien tus decisiones!
- ¡Decídete a triunfar... Supera el miedo!
- ¡Decídete a triunfar... Supera las adicciones!
- ¡Decídete a triunfar... Supera la ansiedad!
- ¡Decídete a triunfar... Jamás digas que no puedes!
- ¡Decídete a triunfar... Toma control de tu vida!
- ¡Decídete a triunfar... No le temas a la vejez!

# REFLEXIONEMOS...

1. Describe el pensamiento del hombre del siglo XXI.
2. Define la palabra triunfar de acuerdo a lo que dice la sociedad y compárala con el concepto que presenta Dios en el salmo 1.
3. ¿Qué significa para el hombre y la mujer de nuestra época «vivir plenamente»?
4. ¿Qué significa la cultura del ocio?
5. Menciona las características de un verdadero triunfador.

RETO: *No todo lo que practica la sociedad es bueno para tu vida. Selecciona y practica solo lo que es congruente con la cultura de Dios.*

# CAPÍTULO 8

# DECÍDETE A TRIUNFAR...
## ¡NACE DE NUEVO!

*Nicodemo es un personaje bíblico a quien el Nuevo diccionario de la Biblia* define como: «Prestigioso varón israelita, miembro del Sanedrín, a quien el Señor Jesús llamó "maestro de Israel" por ser muy versado en la religión».[1]

Pertenecía a la secta de los fariseos y era un maestro. La meta de los fariseos era conseguir la santidad observando estrictamente la ley, así que en ellos no había una relación de amor con Dios, sino una práctica de conductas externas. Pero entre ese grupo basado en lo externo del individuo deseo destacar a Nicodemo porque fue un hombre que decidió transformar su historia, aun cuando quienes le rodeaban no le ayudaron a hacerlo. Este israelita valiente y con criterio propio tomó la decisión de acercarse a Jesús sabiendo que estaba dando un paso que iba a traerle consecuencias porque estaba haciendo algo diametralmente opuesto a lo que hacían los demás miembros de la secta. Los fariseos perseguían a Jesús porque decían que Él afirmaba ser el hijo de Dios y hacía milagros, y según la manera de pensar de ellos, nadie tenía derecho a atribuirse ese título. Nicodemo tuvo criterio propio, humildad y sensibilidad para reconocer que aquel hombre que los demás fariseos querían destruir, tenía algo especial que venía de alguien superior a los hombres que él había conocido. Por esa razón, una noche, en contra de la actitud de los demás fariseos, Nicodemo decidió ir a hablar con Jesús.

Desde el comienzo de la conversación este hombre reconoció y validó la identidad de aquel personaje tan criticado en aquellos días. Acto seguido, Jesús le respondió una interrogante (¿de qué manera podía ver el reino de Dios?), a pesar de que Nicodemo no le había hecho todavía la pregunta que solo estaba dentro de su corazón: «Rabí —le dijo—, todos sabemos que Dios te ha enviado para enseñarnos. Las señales milagrosas que haces son la prueba de que Dios está contigo. Jesús le respondió: —Te digo la verdad, a menos que nazcas de nuevo, no puedes ver el reino de Dios» (Juan 3.2–3).

Fíjate que la declaración de Jesús no es congruente con la afirmación que hace Nicodemo. El fariseo le dice un halago y Jesús le da una contestación a una pregunta que él no había hecho. Pero Jesús conoce los corazones y ya había visto en el corazón de Nicodemo su verdadera inquietud. Él conocía muy bien la secta a la cual pertenecía Nicodemo, así que fue directo a la necesidad sincera que había traído aquel hombre ante Él.

Nicodemo comenzó aquella entrevista importante con el maestro con palabras de afirmación en las que reconocía que Jesús era el enviado de Dios. Ante esas palabras, Jesús le contesta directo y tajante: «A menos que nazcas de nuevo, no puedes ver el reino de Dios», demostrándole a este reconocido maestro del grupo de los fariseos que ya Él conocía cómo eran ellos y que de esa manera no iban a ver el reino. En el Evangelio según Mateo, Jesús manifiesta lo que había visto en el corazón de aquellos que como Nicodemo pertenecían al partido de los fariseos.

Entonces Jesús les dijo a las multitudes y a sus discípulos: «Los maestros de la ley religiosa y los fariseos son los intérpretes oficiales de la ley de Moisés. Por lo tanto, practiquen y obedezcan todo lo que les digan, pero no sigan su ejemplo. Pues ellos no hacen lo que enseñan. Aplastan a la gente bajo el peso de exigencias religiosas insoportables y jamás mueven un dedo para aligerar la carga.

»Todo lo que hacen es para aparentar. En los brazos se ponen anchas cajas de oración con versículos de la Escritura, y usan túnicas con flecos muy largos. Y les encanta sentarse a la mesa principal en los banquetes y ocupar los asientos de honor en las sinagogas. Les encanta recibir saludos respetuosos cuando caminan por las plazas y que los llamen "Rabí".

»Pero ustedes, no permitan que nadie los llame "Rabí", porque tienen un solo maestro y todos ustedes son hermanos por igual. Además, aquí en la tierra, no se dirijan a nadie llamándolo "Padre", porque sólo Dios, que está en el cielo, es su Padre espiritual. Y no permitan que nadie los llame "Maestro", porque ustedes tienen un solo Maestro, el Mesías. El más importante entre ustedes debe ser el sirviente de los demás; pero aquellos que se exaltan a sí mismos serán humillados, y los que se humillan a sí mismos serán exaltados.

»¡Qué aflicción les espera, maestros de la ley religiosa y fariseos! ¡Hipócritas! Pues le cierran la puerta del reino del cielo en la cara a la gente. Ustedes no entrarán ni tampoco dejan que los demás entren». (Mateo 23.1–13)

Jesús le enseña a Nicodemo con la contestación del nuevo nacimiento, que la relación con Dios no es asunto de apariencias de piedad externa ni de cumplir ritos externos como ellos estaban acostumbrados a hacer. Es un asunto del corazón, implica transformar nuestra vida espiritual. Es necesario «nacer de nuevo», ser transformado desde adentro hacia afuera. Pero Nicodemo no entendía cómo era eso de nacer de nuevo, a pesar de que era un maestro de la ley:

—¿Qué quieres decir? —exclamó Nicodemo—. ¿Cómo puede un hombre mayor volver al vientre de su madre y nacer de nuevo? Jesús le contestó: —Te digo la verdad, nadie puede entrar en el reino de Dios si no nace de agua y del Espíritu. El ser humano sólo puede reproducir la vida humana, pero la vida espiritual nace del Espíritu Santo. Así que no te sorprendas cuando digo: «Tienen que nacer de nuevo». (Juan 3.4–7)

Las preguntas de Nicodemo reflejaban un deseo sincero de conocer la forma correcta de acercarse a Dios. Él tenía sed de conocerlo de cerca, de entrar en la presencia de un Dios que él conocía intelectualmente, porque era maestro de la secta de los fariseos, pero no lo conocía con el corazón porque no había tenido una relación personal con Él. Ese vínculo indispensable que define una relación estrecha e íntima con una persona. La relación personal supera una amistad meramente superficial y la convierte en una que está ligada con los lazos indestructibles del amor. Nicodemo tuvo la sensibilidad de reconocer que los milagros y la vida de Jesús evidenciaban que Dios estaba con Él.

En la conversación entre Jesús y Nicodemo queda claro que la vida eterna, o entrada en el reino de Dios, se alcanza, no por cumplir con reglas y ritos religiosos, sino por la gracia que nos permite recibir el perdón de Dios por nuestros pecados y establecer una relación personal con Jesús.

Nicodemo venció su historia y cambió el rumbo de esta porque de pertenecer al legalismo de los fariseos pasó a formar parte de los que seguimos a Jesús por convicción, con la fe de que Él es el Hijo de Dios que murió en la cruz por nuestros pecados y resucitó para darnos vida eterna a todos los que le aceptamos como nuestro Salvador. Este maestro de la ley tenía inquietudes genuinas y se acercó a preguntarle a la persona correcta, a Jesucristo. Fue sensible a los valores espirituales, pero no se quedó meramente en el pensamiento, pasó a la acción y se atrevió a ser diferente al resto de su grupo.

Jesús le dio todo un seminario a Nicodemo de lo que implicaba hacer un cambio en su historia. Nicodemo había sido confrontado por Él y había comprendido lo que significaba nacer de nuevo. Él había demostrado en su diálogo con Jesús que conocía a Dios intelectualmente, pero después de aquel diálogo tan personal lo había conocido de cerca. Se dio cuenta de que para entrar al reino de Dios, necesitaba nacer de nuevo. Él había nacido del vientre de su madre, pero ahora sabía que por encima de la historia de sus padres, tenía que nacer espiritualmente reconociendo que Dios había enviado a su hijo Jesús para que todo aquel que creyera en Él alcanzase vida eterna. Este encuentro transformó la vida religiosa de Nicodemo en un contacto íntimo con Jesús que se tradujo en un cambio en su manera de pensar, en su manera de vivir y, como resultado, su historia fue transformada. Le pasó como a Job en el Antiguo Testamento, que después de haber perdido hasta su salud, tuvo una experiencia personal con Dios y en ese momento Job hace una declaración preciosa: «De oídas te había oído; mas ahora mis ojos te ven» (Job 42.5, RVR1960). Muchos son los que dicen creer en Dios, pero solo los que lo hemos visto con nuestros ojos espirituales cuando hemos nacido de nuevo, podemos disfrutar de su presencia ahora y en su reino por la eternidad. ¡Dios es real!

Para llegar a transformar nuestra historia en una triunfante, es indispensable que pasemos por el nacimiento espiritual que cambiará totalmente nuestra filosofía de vida. Ya nuestro «yo» no lo vivimos conforme a nuestro parecer, lo sometemos a la voluntad de Dios que es perfecta. Por tanto, la ruta que vamos a seguir mientras estemos en la tierra la trazamos conforme a sus principios. El apóstol Pablo después de su conversión decía con una convicción impresionante: «Mi antiguo yo ha sido crucificado con Cristo. Ya no vivo yo, sino que Cristo vive en mí. Así que vivo en este cuerpo terrenal confiando en el Hijo de Dios, quien me amó y se entregó a sí mismo por mí» (Gálatas 2.20).

¡Todos podemos cambiar el rumbo de nuestra historia si nos decidimos a triunfar a la manera de Dios!

## REFLEXIONEMOS...

1. ¿Qué significa nacer de nuevo?
2. ¿Qué diferencia existe entre conocer a Dios intelectualmente y tener una relación personal con Él?
3. ¿Cuál es la cualidad de Nicodemo que más admiras y que lo llevó a conocer a Dios personalmente?
4. ¿Cómo alcanzamos la vida eterna?
5. ¿Qué elemento es indispensable para tener la vida eterna?
6. ¿Cómo definimos a una persona íntegra?

RETO: *¡Decídete a nacer de nuevo!*

# CAPÍTULO 9

# DECÍDETE A TRIUNFAR...
## ¡FORJA UN *CARÁCTER FIRME!*

*Generalmente cuando se escucha la palabra carácter, la mayoría de las* personas la asocia con el temperamento. Así que cuando se oye a alguien vociferando y diciendo palabras soeces dicen que esa persona tiene un carácter fuerte. Pero hoy vamos a definir este vocablo que encierra la semilla de lo que se llama el verdadero triunfo en la historia de nuestra existencia.

Estudiar el origen de las palabras es un ejercicio fascinante porque llegamos a descubrir su verdadero sentido y nos amplía su significado. Esa fue mi experiencia cuando hace unos años sentí curiosidad por conocer la etimología de la palabra carácter. Encontré que «Los griegos llamaban *kharaktein* al acto de imprimir una marca —*kharakter*— con un hierro candente en el ganado» y también se le llamó así al hierro que usaban para marcarlo.[1]

Como puedes observar, el vocablo carácter tiene que ver con marcas que imprimen una identidad única en quien las recibe. Podemos definir carácter como esa forma particular que cada uno de nosotros tiene de responder ante lo que nos acontece y cómo percibimos a los demás, sumado a los hábitos de comportamiento que hemos ido adquiriendo durante la vida. Por tanto, el carácter es una combinación de valores, sentimientos y actitudes que se va forjando de acuerdo a la información que vamos aprendiendo y archivando en nuestra mente desde que nacemos. Es la marca que ha dejado nuestro hogar de origen, las diferentes experiencias y todas las personas significativas que han tocado nuestra vida con su existencia. Lo que implica que no nacemos con esta marca que nos define. El carácter se forja y esa es la razón por la que se puede modificar incorporando nuevas maneras de pensar hasta llegar a la excelencia. Según se aprende se puede también desaprender.

Todos podemos modificar nuestro carácter si sembramos en nuestra mente nuevos pensamientos, sentimientos y valores que transformen nuestra manera de interpretar la vida. Todas las experiencias que recibimos directa o indirectamente en nuestro hogar, la escuela, la iglesia; lo que leemos; lo que compartimos con quienes interactuamos y la cultura se convierten en los archivos mentales que serán la base con la que cada uno de nosotros evaluaremos e interpretaremos lo que vivimos a diario. En la medida en que hacemos un patrón de cómo responder ante lo que nos ocurre, formamos hábitos que definirán quiénes somos. Esos hábitos son los que nos definen como individuos. Esa es nuestra marca, la que permite que seamos únicos porque deja ver nuestra manera de pensar, nuestra forma de interpretar la vida, nuestros sentimientos y nuestras actitudes.

Los hábitos o costumbres son aquellas acciones que practicamos automáticamente porque ya están integradas en toda nuestra mente, en todo nuestro corazón y en todo nuestro cuerpo. Por ejemplo, si estamos acostumbrados a bañarnos todos los días, el día que no podemos hacerlo, el cuerpo automáticamente lo pide porque ya está impreso ese hábito no solo en la mente sino en todos los miembros de nuestro cuerpo.

Hace muchos años fuimos a Haití en un viaje misionero. Los habitantes de la región que visitamos habían cortado todos los árboles para convertirlos en leña. El lugar estaba como un desierto y no había agua porque hacía muchos años que no llovía. Solo llegaba un poco de agua a las doce de la medianoche y no volvía hasta el otro día a la misma hora. En medio del calor y el polvo que el viento levantaba, nuestros cuerpos clamaban por agua, porque estaban acostumbrados a estar limpios. Otro ejemplo es la manera en que aprendimos a resolver los problemas. Algunas personas los resuelven matando, otras gritando, otras evadiendo la confrontación, y otras decidimos comunicar con amor y firmeza lo que no vamos a tolerar y buscamos la mejor forma para llegar a resolver un conflicto. Un hábito es todo aquello que repetimos cuando experimentamos situaciones parecidas. Ese conjunto de hábitos se convierte en nuestro carácter porque esos rasgos nos distinguen de los demás, marcan nuestra manera de ser.

Nuestro verdadero carácter es el que manifestamos cuando nadie nos ve. Está tan arraigado en nuestro ser que incluso aunque no esté alguien vigilándonos, lo vamos a mostrar. Piensa un momento, cuando se va la luz en un establecimiento y queda todo en oscuridad, nadie puede ver lo que tú haces, ¿te robarías algo de esa tienda? ¿No robas porque puedes ser sorprendido por la ley o no robas porque la honestidad está marcada en tu ser? ¿Eres fiel porque ese principio está grabado en tu corazón o por miedo a buscarte un problema y al qué dirán? Cuando evalúas cada uno de tus hábitos, queda retratado tu carácter.

Los caracteres de las personas triunfadoras son aquellos que se rigen por principios y no se dejan vencer por sentimientos y emociones. Son aquellos que tienen su corazón en lo que es justo y agradable a Dios y no en lo que le provoca un mero placer temporal. La paz que produce un corazón que descansa en la voluntad de Dios, no tiene comparación. Por eso la Palabra nos manda a mantener siempre una íntima relación con Él para que su paz cuide nuestra manera de vivir y podamos estar seguros de que Dios siempre está en control, a pesar de las circunstancias adversas:

> Estén siempre llenos de alegría en el Señor. Lo repito, ¡alégrense! Que todo el mundo vea que son considerados en todo lo que hacen. Recuerden que el Señor vuelve pronto. No se preocupen por nada; en cambio, oren por todo. Díganle a Dios lo que necesitan y denle gracias por todo lo que él ha hecho. Así experimentarán la paz de Dios, que supera todo lo que podemos entender. La paz de Dios cuidará su corazón y su mente mientras vivan en Cristo Jesús. Y ahora, amados hermanos, una cosa más para terminar. Concéntrense en todo lo que es verdadero, todo lo honorable, todo lo justo, todo lo puro, todo lo bello y todo lo admirable. Piensen en cosas excelentes y dignas de alabanza. No dejen de poner en práctica todo lo que aprendieron y recibieron de mí, todo lo que oyeron de mis labios y vieron que hice. Entonces el Dios de paz estará con ustedes. (Filipenses 4.4–9)

Cuando el apóstol Pablo nos dice «concéntrense en todo lo que es...», nos está exhortando a enfocarnos en todo aquello que produce paz interior en el corazón del ser humano.

¿Qué pasa cuando el hombre se desenfoca o nunca se ha enfocado en lo que es *verdadero, honorable, justo, puro, bello y admirable, excelente y digno de alabanza*? No ha formado un carácter firme conforme al corazón de Dios y se deja arrastrar por lo que le piden sus impulsos. Por tanto, cada día crece en su corazón la inclinación hacia la corrupción, porque sus lentes espirituales y emocionales están tan oscuros que sus decisiones no se basan en lo honorable, bello y justo, sino en lo que da placer y satisfacción a su cuerpo y no a su espíritu.

Un ejemplo de personas que no han formado un carácter se ve en la noticia que publicaron los medios de comunicación de Puerto Rico y Estados Unidos sobre el fraude que hizo un grupo de personas al Medicare. La noticia reseña con el siguiente titular: «Setenta arrestos por fraude al Medicare en Puerto Rico». Rosa Emilia Rodríguez, una alta funcionaria de la Fiscalía Federal en San Juan, informó que «las acusaciones contra el grupo como parte del operativo "Dinero fácil", fueron por defraudar al Seguro Social por alrededor de $6 millones».[2]

Por otra parte, el noticiero mañanero en Puerto Rico ha informado que un prominente abogado criminalista fue arrestado por lavado de dinero.

Como vemos, el carácter no depende de la clase social ni del nivel de educación ni de la raza ni de la religión ni del nivel económico que pueda tener una persona. En el grupo de fraude al Medicare había beneficiarios, médicos, ex empleados del seguro social, gestores, todos se pusieron de acuerdo para defraudar a una entidad porque no actuaron por principios sino por el amor al dinero.

El dinero es importante porque con este logramos cubrir nuestras necesidades, pero no puede ser lo más importante en nuestra vida. Cuando se coloca en el primer lugar, la persona hace lo que sea necesario para obtenerlo, independientemente de los medios que utilice. Si el dinero fuera lo que determinara una vida triunfante, los dueños de puntos de drogas serían los primeros en la lista de triunfantes y exitosos. Se dice que si queremos conocer el carácter de una persona démosle dinero y poder porque de la manera como lo administra conoceremos su carácter. Veamos lo que dice la Biblia sobre la actitud que debemos tener con respecto al dinero:

Pero los que viven con la ambición de hacerse ricos caen en tentación y quedan atrapados por muchos deseos necios y dañinos que los hunden en la ruina y la destrucción. Pues el amor al dinero es la raíz de toda clase de mal; y algunas personas, en su intenso deseo por el dinero, se han desviado de la fe verdadera y se han causado muchas heridas dolorosas. Pero tú, Timoteo, eres un hombre de Dios; así que huye de todas esas maldades. Persigue la justicia y la vida sujeta a Dios, junto con la fe, el amor, la perseverancia y la amabilidad. Pelea la buena batalla por la fe verdadera. Aférrate a la vida eterna a la que Dios te llamó y que confesaste tan bien delante de muchos testigos. Te encargo delante de Dios, quien da vida a todos, y delante de Cristo Jesús, quien dio un buen testimonio frente a Poncio Pilato, que obedezcas este mandamiento sin vacilar. Entonces nadie podrá encontrar ninguna falta en ti desde ahora y hasta que nuestro Señor Jesucristo regrese. (1 Timoteo 6. 9–14)

En este pasaje bíblico, Pablo le advierte a Timoteo, su cola-
borador y discípulo, que el amor al dinero dirige a las personas
a corromperse, y las consecuencias que genera esa actitud equivocada son destrucción y ruina. En cambio, el hombre que
sigue la justicia y la vida conforme a lo que Dios dicta en su
Palabra, y le agrega una fe verdadera, amor, perseverancia y
amabilidad, gana la batalla. Vivir amando lo que es eterno le
asegura un buen testimonio, de tal manera que nadie pueda
encontrarle falta alguna. Pablo le aconseja que en lugar de afe-
rrarse al dinero, se aferre a lo que es la vida eterna, que no
perece. Aquí queda definido el verdadero carácter de una persona triunfante: justa, íntegra, da un buen testimonio a los
demás, está llena de amor, es amable con todos y es perseveran-
te. Las verdaderas características de una persona triunfante no
tienen que ver con cosas materiales, sino con acciones habitua-
les dignas de arrepentimiento.

Así como quien tiene principios entrega su vida por ser fiel a
ellos, quien no los tiene pierde su identidad y su libertad, por la
ausencia de ellos. El carácter se construye día a día repitiendo buenos hábitos, abandonando los malos y añadiendo todos los necesarios para superarse y triunfar en la vida. William James, psicólogo
y filósofo estadounidense decía: «Siembra una acción y recogerás
un hábito. Siembra un hábito y recogerás un carácter. Siembra un
carácter y recogerás un destino».[3] Quien tiene buenos hábitos es
porque ha desarrollado un carácter firme que sabe ser compasivo,
misericordioso, templado y a la vez sabe corregir cuando algo no
está bien. La constancia en su manera de vivir le hace ganar el
respeto de los demás. Estas personas quedan inmortalizadas en el
corazón de quienes les conocieron.

La Biblia es como un espejo en el que nos miramos para conocer cómo estamos emocional y espiritualmente. Si deseas una vida victoriosa desarrolla un carácter firme conforme a esas instrucciones. El carácter se va reforzando cada día con la práctica continua de las buenas costumbres y la superación de las débiles. Por eso, solo nosotros somos responsables de esa marca distintiva. Cuanto más arraigado está el carácter en nuestro ser, o podríamos decir también, mientras más profunda es la marca del carácter en nuestro ser, más dificultoso es caer en prácticas nocivas para la salud espiritual y emocional, porque es muy difícil llegar a hacer lo que no estamos acostumbrados a practicar. Hace muchos años entrevistaron a un criminal para saber cómo se sentía una persona después de quitarle la vida a otro ser humano. El asesino habitual confesó con frialdad que la primera vez que asesinó a alguien se sintió mal, pero que después se acostumbró a hacerlo y ya no le provocaba ningún sentimiento. El hábito hizo la diferencia.

Aristóteles, un filósofo griego, dijo: «Somos lo que hacemos repetidamente. La excelencia, entonces, no es una acción, sino un hábito».[4] Si somos lo que hacemos repetidamente, ¿cómo desarrollamos hábitos que nos dirijan hacia la excelencia? Debemos saber cuáles son esos buenos hábitos para adquirirlos. La Biblia tiene todos los elementos necesarios para vivir plenamente. ¿Cómo adquirimos un hábito? Dios es tan sabio y maravilloso que nos creó de tal manera que podemos abandonar conscientemente circuitos viejos e innecesarios del cerebro para construir una mente nueva.[5] Para detectar malos hábitos, que son los que constituyen los circuitos viejos, es necesario reflexionar alejándonos de las distracciones rutinarias del ruido de la vida diaria, de tal manera que podamos enfocarnos en esas costumbres que necesitamos cambiar. Una vez que los identificamos, debemos acercarnos a nuevos conocimientos, y tener la voluntad y la disciplina para convertirlos en las costumbres que nos guiarán hacia una verdadera vida triunfante.

Podemos ver este proceso en la definición de fe que aparece en el libro de los Hebreos: «Es, pues, la fe la certeza de lo que se espera, la convicción de lo que no se ve» (Hebreos 11.1, RVR1960). Quiere decir que fe es creer que vamos a alcanzar algo que ya hemos visto con el corazón y tenemos la convicción de que lo vamos a alcanzar.

Lograr cambios exige enfocarse en la meta anhelada y creer con todo nuestro corazón que lo vamos a alcanzar, aunque no lo estemos viendo con los ojos físicos y humanamente sea difícil. ¡Eso es fe! Es creer que en nuestra debilidad Dios nos hace fuertes para alcanzar todo lo que necesitamos para parecernos a su hijo Jesucristo. Ese es el carácter que queremos alcanzar. Alguien podría preguntarse: ¿Y por qué imitar a Jesús? Ese es nuestro modelo perfecto, en Él no hubo pecado y con su vida nos dio cátedra de lo que significa tener el carácter de un triunfador. ¿Por qué tantas personas imitan a innumerables artistas con innumerables debilidades y luego se sorprenden cuando decimos que queremos imitar a Jesús?

Enfoquémonos en Jesús, imitemos su carácter, eliminemos los viejos hábitos de enojo, furia, comportamiento malicioso, calumnia, lenguaje grosero, mentira, y todo lo que impida que disfrutemos de la limpieza de espíritu y de la paz de Dios que experimentamos cuando creemos y confiamos en Él. Mientras más lo conozcamos, más nos pareceremos a Él. Enfócate, decídete a aprender, practica lo nuevo que estás aprendiendo hasta convertirlo en un hábito de bendición para tu vida. Los hábitos de hoy están construyendo el futuro que vas a vivir. Este es el verdadero triunfo, esto es lo que significa superación personal.

Así que hagan morir las cosas pecaminosas y terrenales que ace-
chan dentro de ustedes. No tengan nada que ver con la inmoralidad sexual, la impureza, las bajas pasiones y los malos deseos.
No sean avaros, pues la persona avara es idólatra porque adora
las cosas de este mundo. A causa de esos pecados, viene la furia
de Dios. Ustedes solían hacer esas cosas cuando su vida aún
formaba parte de este mundo; pero ahora es el momento de eliminar el enojo, la furia, el comportamiento malicioso, la calumnia y el lenguaje sucio. No se mientan unos a otros, porque
ustedes ya se han quitado la vieja naturaleza pecaminosa y
todos sus actos perversos. Vístanse con la nueva naturaleza y se
renovarán a medida que aprendan a conocer a su Creador y se
parezcan más a él. (Colosenses 3.5–10)

¿Por qué cuesta cambiar? Porque nos sentimos más cómodos
haciendo lo que ya hemos practicado por años, pero es imprescindible
salir de las malas costumbres para perfeccionarnos. Lo bueno es que
en el proceso de cambiar malos hábitos no estamos solos, Dios siempre está atento a nuestro clamor y está dispuesto a darnos cada día
más sabiduría, pero nos dice que creamos en que eso que estamos
pidiéndole lo vamos a lograr y nos exhorta a que seamos constantes.
Quien no es constante, jamás aprenderá nuevos hábitos, porque para
lograr fijar nuevas costumbres se necesita constancia y repetición hasta que el cuerpo completo lo memorice y lo practique automáticamente. Así como nos peinamos, nos lavamos la boca o leemos un libro.

Si a alguno de ustedes le falta sabiduría, pídasela a Dios, y él se la
dará, pues Dios da a todos generosamente sin menospreciar a
nadie. Pero que pida con fe, sin dudar, porque quien duda es como

las olas del mar, agitadas y llevadas de un lado a otro por el viento.
Quien es así no piense que va a recibir cosa alguna del Señor; es
indeciso e inconstante en todo lo que hace. (Santiago 1.5–8, NVI)

Si deseas convertirte en una persona triunfadora, debes evaluar cada uno de tus hábitos con sus respectivas consecuencias en
tu desarrollo personal en el presente y en el futuro. Luego debes
tomar la decisión de eliminar esas malas costumbres que te mantienen en una zona mediocre cuando tú tienes la capacidad de
poder llegar a la excelencia. Desgraciadamente las personas ven los
malos resultados de sus hábitos equivocados cuando ya es irrever-
sible el daño o han perdido los mejores años de su vida.

¿Cuáles son las ventajas de tener buenos hábitos?:

- Los buenos hábitos te permiten ver un mundo de posibilidades porque los practicas automáticamente y dejan tu
  mente libre para aprender y enfocarte en experiencias nuevas. ¡Te imaginas cómo sería nuestra vida si todas nuestras
  acciones fueran conscientes! Podemos lavar los platos y ver
  la televisión porque ya el cuerpo memorizó lavar platos y
  ahora lo hace de forma automática. Podemos guiar y hablar
  a la vez. Si no fuera por los hábitos viviríamos en un estrés
  continuo, porque todo lo tendríamos que hacer conscientemente. Piensa si fuera necesario que estuvieras consciente
  para peinarte, lavarte la boca, conducir un auto, pasar un
  trapo, cocinar, decir la verdad, ser fiel, ser constante. La
  lista sería interminable, pero gracias a que desarrollamos
  hábitos podemos fijar nuestra atención en asuntos nuevos,
  mientras los otros los hacemos en automático.

- Los buenos hábitos te permiten crecer en conocimiento, porque una vez que fijas un patrón de hacer algo, puedes aprender otros nuevos.

- Los hábitos definen el carácter porque la suma de ellos marca quién eres.

- Los buenos hábitos te permiten hacer buenas elecciones.

¿Quieres una vida triunfante? ¿Quieres formar parte de los que decidimos imitar a Jesús? El apóstol Pablo nos da las instrucciones en la carta a los Efesios para vivir al estilo de los que conocen a Dios:

> Con la autoridad del Señor digo lo siguiente: ya no vivan como los que no conocen a Dios, porque ellos están irremediablemente confundidos. Tienen la mente llena de oscuridad; vagan lejos de la vida que Dios ofrece, porque cerraron la mente y endurecieron el corazón hacia él. Han perdido la vergüenza. Viven para los placeres sensuales y practican con gusto toda clase de impureza. Pero eso no es lo que ustedes aprendieron acerca de Cristo. Ya que han oído sobre Jesús y han conocido la verdad que procede de él, deshágan se de su vieja naturaleza pecaminosa y de su antigua manera de vivir, que está corrompida por la sensualidad y el engaño. En cambio, dejen que el Espíritu les renueve los pensamientos y las actitudes. Pónganse la nueva naturaleza, creada para ser a la semejanza de Dios, quien es verdaderamente justo y santo. (Efesios 4.17–24)

Fíjate cómo Dios mismo en su Palabra destaca la importancia de renovar la mente para lograr los cambios de conducta, los hábitos y, por consiguiente, para lograr un carácter firme. Explica que hay muchos que han cerrado la mente y han endurecido el corazón a los principios divinos y no han querido enfocarse en la obediencia a esos mandatos, por lo cual su vida está regida por la impureza y no por los principios que el Espíritu Santo de Dios graba en aquellos que hemos aceptado dejarnos moldear por Él.

¿Quieres desarrollar un carácter firme? Lee la Palabra de Dios, enfócate en la vida de Jesús y practica constantemente sus enseñanzas hasta que las hagas parte de ti y logres parecerte a Él. Podemos afirmar que una persona que ha desarrollado carácter:

- Es fiel a Dios, a sus principios, a sí mismo y a su prójimo.
- Decide ser mejor cada día y superar los retos que se le presentan.
- Cumple con sus responsabilidades aunque no tenga el ánimo de hacerlo, porque primero es la acción y después la emoción.
- Tiene dominio propio. No se deja arrastrar por las emociones.
- Tiene prioridades.
- Es disciplinada.
- Termina lo que comienza.
- Vive sin quejarse porque se siente agradecida de Dios por lo que posee, en lo que llega lo que anhela.
- Acepta sus errores y los corrige.
- Sirve a otros con alegría.
- Trata a los demás con respeto y amabilidad.
- Habla bien de las personas.
- Llega al trabajo y a su hogar con una sonrisa.
- Sabe pedir perdón cuando se equivoca.
- Es trabajadora.

- Todas esas acciones las practica con facilidad porque las ha realizado tantas veces que ya se han convertido en su marca.

# REFLEXIONEMOS...

1. ¿Cuál es el origen de la palabra carácter?
2. ¿Cómo se define el carácter de una persona?
3. ¿El carácter se aprende o se hereda?
4. ¿Se puede modificar el carácter?
5. ¿Cómo se definen los hábitos?
6. ¿Cómo es el carácter de las personas triunfadoras?
7. Comenta la afirmación de William James: «Siembra una acción y recogerás un hábito. Siembra un hábito y recogerás un carácter. Siembra un carácter y recogerás un destino».
8. ¿Cuáles son las ventajas de cultivar buenos hábitos?
9. ¿Cuáles son las características de un carácter firme?

RETO: *Evalúa tu carácter y si no has desarrollado un carácter firme, comienza a construirlo ya.*

CAPÍTULO 10

# DECÍDETE A TRIUNFAR... ¡ESCOGE EL CAMINO *MENOS TRANSITADO!*

*El poema «El camino no elegido», escrito por el poeta estadounidense* Robert Frost, comienza describiendo cómo un viajero que va por el bosque se encuentra que al final el camino se bifurca. Frente a esos dos caminos el caminante se siente apenado porque lo único que puede hacer es recorrer uno de los dos. Nos cuenta que se queda un largo rato de pie mirando uno de ellos hasta donde el camino desaparecía en la espesura del bosque. Entonces decidió escoger el otro; aunque quizás había escogido bien, dudó y se preguntó si debía retroceder. Pensó también qué habría pasado si se hubiera ido por el otro camino, pero continuó por el que ya había elegido. Porque aunque este parecía más o menos igual al otro, tenía más vegetación ya que pocos habían caminado por él, así que necesitó mucho esfuerzo para abrirse paso. Termina el poema con estos versos preciosos:

Dos caminos se divergieron en un bosque y yo,
Yo fui por el menos transitado,
Y eso marcó toda la diferencia.[1]

Este poema nos presenta la historia de nuestra vida. Cómo en nuestro caminar diario tenemos que decidir entre situaciones similares y, al igual que el viajero, podemos ver el principio del camino, pero no podemos ver el futuro hasta que no lo transitamos. ¡La vida no es fácil!, pero ¿quién nos dijo que lo sería? El viajero escogió el camino menos transitado, el que requirió esfuerzo, el que muchos no habían querido recorrer, y a pesar de que dudó en un momento si estaría en lo correcto, continuó hacia delante y al final pudo decir:

Yo fui por el menos transitado,
Y eso marcó toda la diferencia.[2]

Esa también fue mi historia. Escogí el camino menos transitado desde mi adolescencia, nunca me uniformé con las ideas de la mayoría; yo había seleccionado ya el camino por el cual he viajado toda mi vida con esfuerzo, entrega, dedicación, traiciones, lágrimas, decepciones, triunfos, alegrías, satisfacciones, pero esa decisión de ir por el menos transitado marcó la diferencia. Recogemos en nuestro andar lo que hemos sembrado en el recorrido del camino que hemos escogido.

El camino de las convicciones es el menos recorrido porque es aquel en el que se nos presenta, por un lado, lo que les gusta a los sentidos y, por el otro, lo que es mejor para nuestro espíritu. La selección para ver días fructíferos debe basarse en lo que es bueno para nuestro espíritu. Eso que forma nuestro carácter, lo que nos saca de la zona del placer y la comodidad, lo que a veces nos duele dejar porque la fuerza de la costumbre se ha apoderado de nosotros. Pero aunque al principio merece todo nuestro esfuerzo y compromiso, una vez que nos acostumbramos a lo bueno y excelente del camino de las convicciones, jamás queremos volver atrás. Porque al final del viaje tenemos una satisfacción que no se compara con los deleites efímeros que nos ofrece el camino por donde camina la mayoría.

La Palabra de Dios nos habla también del camino menos transitado: «Entrad por la puerta estrecha; porque ancha es la puerta, y espacioso el camino que lleva a la perdición, y muchos son los que entran por ella; porque estrecha es la puerta, y angosto el camino que lleva a la vida, y pocos son los que la hallan» (Mateo 7.13–14, RVR1960).

Solo detente unos minutos y observa a tu alrededor para que veas cuántos van por el camino de la excelencia y cuántos van por el camino de: «qué de malo tiene si todo el mundo lo hace». Por seis meses estuve en una sección de consejería en una emisora secular. El contenido del programa no era nada edificante, pero acepté porque lo vi como una oportunidad para sembrar principios en el desierto. A pesar de su contenido, es importante señalar que resulta uno de los programas mañaneros de más audiencia, porque el camino ancho es el más transitado. Fue un tiempo muy difícil puesto que las masas defienden lo que a ellos no les ha dado resultado y les ha traído infelicidad. Saben que en el camino ancho no les ha ido bien, pero siguen apegados a él porque les gusta a sus sentidos, por la fuerza de la costumbre. Se han hecho adictos al doble sentido y a una vida en la que lo importante no es lo correcto sino lo que les gusta, lo que les hace reír aunque luego les haga llorar, y lo que hace la mayoría. Mi voz siempre fue contraria a lo que pensaban muchos, así que me puedo imaginar lo que decían los chats que ellos usaban. Un buen día hablé sobre cómo las mayorías defendían lo indefendible y lo que les producía tanto dolor, sin fijarse que había un camino mejor. Durante esos meses, recibí muchas cartas de personas con su dolor impreso, las contesté y les presenté el camino menos transitado. Seis meses más tarde me despedí porque me di cuenta de que ya era suficiente. ¡Creo que ellos descansaron! Es difícil enseñarle a quien no quiere aprender. Para aprender necesitamos reconocer que necesitamos un cambio y muchos se dan cuenta cuando ya han desperdiciado su vida. Pero el camino menos transitado no es obligatorio ni se puede forzar, es una elección.

La mujer y el hombre que quieren obtener el triunfo basados en principios y formación de carácter deben tomar el camino menos transitado porque, como dice Robert Frost: «eso hace la diferencia». Por lo general, las personas en su necesidad de aceptación imitan lo que los demás hacen para no ser señalados como los diferentes del grupo y ganarse la aprobación de todos. Pero la búsqueda de reconocimiento no es una característica que define a la gente que ha desarrollado carácter. Quienes han desarrollado carácter se distinguen del resto del grupo por ser diferentes a lo que la mayoría practica. En las escuelas que exigen uniformes, todos los estudiantes parecen iguales. Cuando mis hijos eran pequeños y los iba a buscar a la escuela, se me hacía difícil identificarlos en aquella masa estudiantil porque con los uniformes todos los estudiantes se parecían. En nuestro proceder no debemos usar el uniforme que usa la mayoría, debemos tener mente propia y atrevernos a decir *no* cuando todos dicen *sí*. No lo hacemos por capricho ni por rebeldía, sino porque hemos desarrollado una conciencia marcada con unos principios y entendemos que eso que prefiere la mayoría no va de acuerdo con nuestro valores. Decir no cuando todos dicen sí cuesta a veces burla, crítica y en ocasiones nos puede costar hasta el trabajo, pero no importa, porque nuestras convicciones no tienen precio. Ese es el camino menos transitado.

La persona que ama a Dios, se ama sí misma y ama a su prójimo, tiene convicciones bien arraigadas en su corazón, se valora y ha desarrollado un carácter firme, tiene criterio propio y no sigue lo que hace todo el mundo, sino lo que va de acuerdo con unos principios que están esculpidos en su mente y en su corazón. Tener criterio propio es hacer un juicio o evaluación de algo o alguien de acuerdo con el conocimiento y la experiencia que hemos acumulado. Es tener una opinión y atrevernos a sostenerla, aunque la mayoría piense diferente. Es necesario señalar que cuando tenemos una convicción, aunque las personas no nos crean y hasta nos puedan encontrar fuera de moda, lo importante es que nosotros sí la creamos, y que esa convicción nos dirija a caminos de verdad y justicia, porque los principios no son una moda de un tiempo, trascienden el tiempo. No te impacientes por lo que los demás crean cuando estás actuando conforme al corazón de Dios, lo que sí importa es lo que Dios piense de ti. Es una realidad que la presión social existe y actúa directamente en la opinión de los individuos. Por tanto, debemos desarrollar un criterio propio bien documentado y alimentar nuestra seguridad espiritual y emocional de tal manera que cuando tengamos una opinión se pueda sostener independientemente de lo que piensen los demás.

Un ejemplo común de falta de criterio propio lo vemos en las relaciones de amistad. ¿Cuántas amistades se han roto por un rumor sin ningún fundamento que alguien hizo y que otra persona inmediatamente lo tomó como cierto, por no tener criterio propio? Es imprescindible adquirir los conocimientos necesarios para desarrollar un buen juicio que soporte las más fuertes presiones de grupo. El ser humano es muy dado a copiar lo que «todo el mundo hace» sin fijarse en las tristes consecuencias que esa conducta acarrea. Observa las experiencias y decisiones que toman otros y presta especial atención a los resultados de sus actos. Para lograr tener un criterio propio debes considerar los pensamientos y las experiencias que has ido acumulando desde tu nacimiento a la luz de la verdad del plan perfecto de Dios. Ese plan solo lo encuentras cuando decides estudiar y poner en práctica las enseñanzas de su Palabra. Esas enseñanzas son las que iluminarán nuestro entendimiento y nos harán recorrer el camino menos transitado con seguridad.

Necesitas seleccionar aquellos pensamientos y experiencias que estén en armonía con los preceptos divinos y eliminar todo lo que no enaltezca el plan de Dios. Proverbios te exhorta a guardar tu corazón. Eso implica que estés vigilante para que evalúes todo lo que quiere «entrar» a tu sistema de pensamientos y no permitas que se anide en tu mente ninguna idea que vaya en contra del propósito de Dios para tu vida. Decide que tu código de ética sea la Palabra de Dios y que todo lo que vaya en contra de sus principios no forme parte del sistema de creencias que moldea tu criterio. Mientras más llenes de Dios tu corazón, menos espacio dejarás a tus instintos y pasiones, y tus criterios tendrán una excelente calidad.

¿Quieres ser un triunfador o una triunfadora? Escoge el camino menos transitado, eso hará la diferencia.

## REFLEXIONEMOS...

1.  ¿Cuál es el camino menos transitado en nuestra sociedad?
2.  ¿Qué significa tener criterio propio?
3.  ¿Por qué es tan importante en el desarrollo de un triunfador?
4.  ¿Cuál debe ser tu código de ética?
5.  Si quieres ser triunfador, ¿con quién tienes que armonizar tus principios?

RETO: *Decídete por el camino menos transitado.*

# CAPÍTULO 11

# DECÍDETE A TRIUNFAR...

## ¡SUEÑA *EN GRANDE!*

*Soñar es una capacidad extraordinaria que Dios solo le otorgó al ser* humano. Únicamente nosotros tenemos la oportunidad de viajar a través de la imaginación a los lugares que deseamos, de visualizar lo que queremos llegar a ser y lo que anhelamos lograr. Sin embargo, para poder soñar es necesario aprender a reflexionar para que seamos capaces de valorar primero lo que somos, administrar bien lo que tenemos en el presente y ser agradecidos. Solo así sentiremos esa paz en nuestro corazón que nos dirige a ponerle alas a nuestra imaginación. Es desde ese lugar de sana reflexión que podemos pensar y soñar en grande.

En el libro de Job, Dios, dirigiendo a este hombre a la renovación de su entendimiento, le habla sobre el avestruz:

El avestruz pone sus huevos en la tierra, y deja que se calienten en el polvo. No le preocupa que alguien los aplaste o que un animal salvaje los destruya. Trata con dureza a sus polluelos, como si no fueran suyos. No le importa si mueren, porque Dios no le dio sabiduría ni le dio entendimiento. Pero siempre que se levanta para correr le gana al jinete con el caballo más veloz. (Job 39.14–18)

Fíjate que nuestro creador está diciendo que el avestruz pone sus huevos en la tierra y no tiene ningún cuidado de ellos. No le importa si alguien los aplasta, si algún animal los destruye o si mueren, porque esta ave no posee la característica que Dios únicamente le dio al ser humano: la capacidad de conquistar, la sabiduría. No obstante, es el ave que pone los huevos más grandes: «El huevo de avestruz tendrá un peso de 1600 – 2300 mg (aproximadamente 3,5 a 5 libras) y es equivalente en volumen a 2 docenas de huevos de gallina».[1] ¿De qué le vale al avestruz ser tan veloz y poner los huevos más grandes si no está consciente de la vida que encierra cada huevo ni tiene la sabiduría para administrarlos. Sin sabiduría el ser humano desgraciadamente hace lo mismo que el avestruz. No valora que fue Dios quien le creó con unas facultades que solo Él tiene en toda la creación. No basta con vivir, es necesario ser sabio para tener grandes sueños, para poder cuidarlos, trabajarlos y protegerlos hasta que salgan a la luz.

Medita en este instante y piensa cuál es el pensamiento que está ocupando tu mente de día y de noche. Si tu contestación es que estás pensando en problemas, conflictos y complejos sobre tu persona, no podrás enfocarte en lo que puedes llegar a alcanzar, porque tu enfoque se llama *problema*, no *sueño*. Así se te gastarán los bellos años que Dios te ha regalado patinando en una misma situación, lleno de ansiedades. Es necesario dejar de enfocarnos en los problemas y comenzar a pensar en soluciones creativas para tener el tiempo disponible que nos permita crear, imaginar, soñar, hacer realidad y superarnos.

Se le atribuye a Walt Disney el refrán: «Si lo puedes soñar, lo puedes lograr».[2] De ninguna manera alcanzaremos lo que no hayamos visto primero con nuestra imaginación. Existe una diferencia importante entre soñar y fantasear. Conocí a un hombre que siempre estaba fantaseando con los edificios que iba a comprar, los negocios que iba a realizar con los árabes y cuántos millones iba a ganar con todas esas transacciones. Él estaba bien preparado intelectualmente, sabía hablar varios idiomas, pero su vida espiritual y emocional era un verdadero desastre. Fue siempre un infiel con su esposa, un mal ejemplo en todo el sentido de la palabra con sus hijos, un irresponsable en lo económico y se consideró siempre autosuficiente hasta tal punto que entendía que no necesitaba ni de Dios. Como amigo era simpático, servicial y se daba a querer, pero nada más. Ya han pasado cuarenta años, enfermó y luego de una larga enfermedad, murió hace un año. De tantos millones que se iba a ganar, murió sin tener una casa propia, con una familia destruida y una vida espiritual vacía.

Si examinamos sus hábitos nos daremos cuenta de que eran malísimos. Se acostumbró a tener más de una mujer, a llegar tarde en la noche a su casa, a no pagar sus cuentas a tiempo, a vivir de apariencias, a mentir. ¡Imagínate cómo edificó su hogar en esas bases! La calidad de nuestros hábitos determina nuestra calidad de vida. Es imprescindible nacer de nuevo espiritualmente para soñar con cordura y tener la mente libre para crear. Él fracasó, aun con todos los talentos que tenía, porque su corazón y su amor estaban en el dinero y en las apariencias. El amor al dinero y a las apariencias no nos conducen al triunfo sino al fracaso. Estos son materiales que se desvanecen con el tiempo, no tienen solidez porque no forman carácter.

Soñar es anhelar con persistencia una cosa, mientras que fantasear es simplemente darle rienda suelta a la imaginación. Cuando anhelamos algo con fervor, tenemos que hacer un plan de acción para conseguirlo, porque de lo contrario, solo estaremos fantaseando. Quien fantasea siempre está imaginando si tuviera tal o cual cosa, pero en su interior no cree que lo pueda lograr, tampoco está dispuesto a pagar el precio y por eso ni se esfuerza en pensar en una forma de conseguirla. Así se queda viviendo toda la vida en un mundo irreal, viendo sus anhelos solo en su imaginación y nunca alcanza nada porque no organiza la acción a seguir para conquistar el sueño. Soñar en grande es acción y pasión. Fantasear es dormir y despertar en el mismo lugar por los siglos de los siglos amén.

Los sueños no se dan en el vacío. Debes saber que la calidad de tus sueños dependerá de tu riqueza emocional y espiritual, en resumen, de tu carácter. Fíjate que no mencioné la riqueza material, porque para anhelar algo beneficioso y edificante no hay que tener dinero. Los traficantes de droga, así como muchos artistas famosos y muchas personas adineradas, han soñado con fama y con dinero. No obstante, cuando conocemos su historia, descubrimos que han pasado por mucho dolor, soledad, amargura y frustración. Sin embargo, la Palabra divina nos dice que la riqueza que Dios nos da es la que no añade tristeza con ella: «La bendición de Jehová es la que enriquece, y no añade tristeza con ella» (Proverbios 10.22, rvr1960). Los sueños que nacen de un corazón que ama a Dios y que tiene sanidad emocional, esos sí son grandes sueños, porque no cuentan solo con las fuerzas humanas sino con las fuerzas de Dios. Desde el momento en que reconocemos con humildad que Dios es nuestra fortaleza y su luz ilumina nuestro entendimiento, sentimos en nuestro ser la fuerza y la seguridad que solo provienen de Él, para ayudarnos a forjar y a lograr nuestros sueños. «Rescatas al humilde, pero humillas al orgulloso. Enciendes una lámpara para mí. El Señor, mi Dios, ilumina mi oscuridad. *Con tu fuerza puedo aplastar a un ejército; con mi Dios puedo escalar cualquier muro*» (Salmos 18.27–29, énfasis añadido).

Ese versículo en itálicas nos llena de fe y esperanza porque aunque hay momentos en que nos podemos llegar a sentir débiles, el salmista nos recuerda que nunca decaerán nuestras fuerzas porque con Dios, aunque estemos solos, podemos aplastar a un ejército y podemos escalar cualquier muro, no importa cuán alto sea. Por eso, a pesar de la historia que hayas vivido y cuánto hayas sufrido, sí puedes superarte y triunfar con la ayuda de Dios. Con Él no hay nada imposible. ¡Atrévete a soñar!

En estos tiempos los sueños de muchos tienen que ver con el dinero. Un profesor en la universidad nos decía que los padres sueñan con que sus hijos sean peloteros de las grandes ligas o cualquier otro deporte que genere millones. Llevan a sus hijos al deporte con la mirada en los millones, no en que estos desarrollen las habilidades. Pero la realidad es que no hay lugar para tantos jugadores. Otros sueñan con ser famosos, pero estos sueños que tienen que ver con fama y dinero no tienen la solidez ni el brillo que logra el que triunfa al generar las cualidades que surgen de alguien que ha formado carácter.

Si después de formar carácter llegas a convertirte en millonario, ya estás preparado espiritual y emocionalmente para administrar bien el dinero. El dinero en sí mismo no es bueno ni malo, el problema está en cómo está el corazón de quien lo administra. Se dice que si quieres conocer el verdadero carácter de una persona, coloques en sus manos dinero y poder, porque ahí se revelará su verdadera actitud frente a la vida.

Jabes es un ejemplo de un hombre que, según dice en la Biblia, se distinguió entre sus hermanos. Aunque no especifica el porqué de su distinción, podemos ver a través de la Palabra que era un hombre que oraba con fe y sabemos que la oración es poderosa. La oración que Jabes hizo revela su carácter y su calidad espiritual. Este hombre le pidió a Dios que le bendijera dándole un territorio grande, y que le ayudara y le librara del mal para no padecer la aflicción que produce el pecado o la desobediencia a Dios. Fíjate qué sabiduría. El versículo que sigue a la oración que hizo Jabes dice que Dios le concedió su petición. Debemos orar siempre con la fe y la convicción con que lo hizo Jabes, y tener la certeza de que Dios contestará nuestras peticiones:

> Había un hombre llamado Jabes, quien fue más honorable que cualquiera de sus hermanos. Su madre le puso por nombre Jabes porque su nacimiento le causó mucho dolor. Él fue quien oró al Dios de Israel diciendo: «¡Ay, si tú me bendijeras y extendieras mi territorio! ¡Te ruego que estés conmigo en todo lo que haga, y líbrame de toda dificultad que me cause dolor!»; y Dios le concedió lo que pidió. (1 Crónicas 4.9–10)

Recuerda siempre que Dios honra a los que le honran. Honramos a Dios siguiendo el plan que Él nos comunica en su Palabra.

Tú puedes lograr tus más preciados anhelos, pero para visualizar y materializar grandes sueños necesitas poner tu vida a los pies de Jesucristo, para que Él perdone tus pecados y puedas tener un corazón limpio que produzca sueños y acciones conforme a su voluntad y al plan que tiene para ti. Te garantizo que alcanzarás metas insospechadas porque según concedió la oración de Jabes, así te concederá las tuyas. Esta acción no es mágica, Dios tiene lo mejor para nosotros, pero a nosotros nos toca esforzarnos, ser persistentes, ser constantes, capacitarnos en las áreas que necesitamos conocimiento para continuar superándonos y tomar de nuestro tiempo para reflexionar. Porque en la carrera del diario vivir hay muchas distracciones en el camino que nos pueden desenfocar.

¡Yo soy fiel testigo de que Dios es real! He vivido experiencias muy bellas desde que reconocí que su presencia es imprescindible para vivir plenamente.¡Dios es real y siempre es fiel!

## REFLEXIONEMOS...

1. ¿Cuál es la diferencia entre soñar y fantasear?
2. ¿Con qué materiales se fabrican los sueños?
3. Describe la oración que hizo Jabes.
4. ¿Qué importancia tiene la oración en el logro de tus sueños?

RETO: *Sueña, pero hazlo conforme al propósito de Dios para ti. Su riqueza no añade tristeza a tu vida.*

# CAPÍTULO 12

# DECÍDETE A TRIUNFAR...
## ¡DEJA YA DE *CULPAR A OTROS!*

*Nunca me olvido del título de una película que vi cuando era niña:*
*La culpa la tuvo el otro.* Ahora, en mi adultez, he visto a muchas
personas en consejería que le han puesto ese mismo nombre a su
historia: «la culpa la tuvo el otro». Detrás de ese nombre lo que se
esconde son las propias frustraciones, las inseguridades y la falta de
acción de aquellos que no han progresado en la vida ni han hecho
el intento por salir de su historia de origen porque están con el
estribillo de «la culpa la tuvo el otro». Mientras escribía este capítulo recibí esta carta de consejería que ilustra a la perfección cuándo
una persona se victimiza y culpa a los demás de su situación:

> Le escribo porque ya mi desesperación ¡llegó a su límite!... Todos
> los días me arrodillo ante Dios y le pido, ¡con fe! Pero parece que
> esta ocupado porque por más que le pido no hay respuesta. Yo la

estoy pasando espantoso en mi trabajo, solo quiero tirar la toalla
y renunciar porque la presión es tanta que ya ¡no la aguanto!...
No duermo pensando y pensando qué pasará al otro día. Ya no
lo soporto, estoy metida en la peor depresión de mi vida y no
quiero estar así. Tengo dos hijos, una de 12 y el otro de 6, y yo sé
que no es justo para ellos ver a su mamá así, pero ¡no puedo
evitarlo! No soporto el lugar donde estoy, no soporto a las personas que trabajan conmigo, no soporto a mi jefe, no puedo ni
verlo, lo que siento es un odio que ¡no puedo explicarlo!... me
siento anulada, vacía, triste, este lugar hace que me sienta que le
fallé a mis hijos, ¡me abochorna que me vean aquí! Las personas
son malas y crueles y no sé por qué les gusta hacer daño a los
demás,... ¡Y eso es lo que vivo a diario, por compañeros tengo
víboras!... estoy agotada mentalmente y ya no puedo más...

Fíjate que la persona que escribe culpa a otros por la manera
en que se siente, pero no se responsabiliza. Culpa a Dios, por no
contestarle su oración; culpa a los demás por la fuerte presión de
su trabajo; culpa a otros por no poder dormir bien, por tener depresión. No soporta el lugar donde trabaja ni soporta a las personas
que trabajan con ella, odia al jefe. Se siente anulada, vacía, triste y
el lugar es el culpable de que ella sienta que le falta a sus hijos.
Considera que las personas son malas y crueles y ve a sus compañeros como víboras. Pero no se ve a sí misma, es incapaz de mirar
la charca de amargura en donde ella, y solo ella, ha decidido quedarse recreando lo que ella misma tiene en su interior. Vemos a los
demás de acuerdo a como tenemos nuestro corazón.

Esta semana, cuando fui a pasar la aspiradora, me di cuenta de
que estaba llena de polvo por encima. Esta máquina vive

pendiente de estar recogiendo el polvo que ve en los demás, pero ella misma no se puede limpiar porque no se ve. Nunca debemos ser como la aspiradora, debemos evaluarnos con sinceridad en lugar de estar buscando las faltas de los demás, y tener la humildad de presentarnos a Dios todos los días para que nos perdone cualquier polvo que hayamos agarrado en el camino. No hay nada mejor que una conciencia limpia en paz con Dios, con uno mismo y con los demás.

Esta mujer culpa a todo el mundo por su forma de pensar, de sentir y de actuar. En lugar de ver sus errores y sus debilidades, lo que hace es justificar su manera de vivir delegando la culpa en los demás. Tiene pensamientos muy equivocados llenos de amargura y odio, y con ese lente los ve a todos. La consecuencia de no aceptar responsabilidad es no tomar tiempo para autoevaluarnos y seguir perpetuando las debilidades. Es imposible superar los errores que no llegamos a identificar.

La culpa es un sentimiento que duele, hace sentirse inservible a quien la experimenta, la persona llega a pensar que no tiene oportunidad y cree que ya Dios no le ama; quizás por eso, los seres humanos caminan por la vida culpando a los demás por sus acciones, por sus sentimientos y por todo lo que les pasa. Todas esas actitudes ante lo que representa la culpa, alejan a las personas de asumir su responsabilidad y hacer cambios para transformar su historia. Quien no asume responsabilidad vive siempre culpando a otros de su condición y no progresa en su caminar por la vida. Porque no se mira a sí mismo, sino que mira al otro, porque *el otro* es el *culpable*. Es decir, el otro carga con la culpa, y la víctima, que se siente inocente, se queda en el mismo lugar con las mismas debilidades sin modificar su carácter. Crecemos cuando tenemos la valentía de decir «me equivoqué» y hacemos un cambio en nuestro proceder. Arrepentirse implica cambio de conducta.

Es difícil enfrentar el error, saber que nos equivocamos, que hemos sido nosotros y nadie más que nosotros los que hemos ofendido o agredido a alguien. ¿Por qué nos es tan difícil asumir nuestros propios errores? Dicen que errar es humano, pero admitirlo y hacerse responsable de ello no es agradable para casi nadie. Sin embargo, admitir nuestros errores nos enriquece porque nos hace conscientes de nuestras debilidades y nos permite superarlas. En lugar de culpar y justificar nuestra mala conducta, hablemos de asumir responsabilidad y pidamos perdón por la ofensa. Esta acción nos engrandece porque el hecho de hacernos responsables del error nos hace más humildes. Pedir perdón es un acto noble, no es rebajarse ante el otro, por el contrario, es un acto digno que le da descanso al ofendido y al que ofendió. Implica madurez, amor hacia el prójimo y hacia uno mismo, e indica que hemos desarrollado carácter.

Otras veces podemos ser nosotros los ofendidos o traicionados, y de la misma manera también tenemos alternativas de superación cuando es otro quien nos ofende. Muchos deciden odiar a quien les ofendió y quejarse eternamente de la ofensa que le hicieron, en lugar de perdonar y superar la ofensa. Nunca olvidemos que si nos enfocamos en los problemas, nuestra mente se distrae mirándolos y deja de ver posibles soluciones. Por tanto, es menester que siempre nos enfoquemos en soluciones y buenas actitudes. Nuestras acciones siguen los pasos de las cosas en que nos enfocamos.

Hablemos de aceptar responsabilidad en lugar de emplear la palabra culpa. Cuando hacemos el hábito de aceptar humildemente nuestras equivocaciones, nos mantenemos libres de orgullo y soberbia porque estamos conscientes de que no somos perfectos.

El poder aceptar nuestras debilidades nos hace mirar con ojos de misericordia a los demás cuando ellos también se equivocan.

Desde el Génesis vemos que la primera pareja que Dios creó, rehusó aceptar su responsabilidad cuando desobedecieron en el Edén. Después de haber pecado, Adán y Eva escucharon a Dios caminando por el huerto y se escondieron porque ellos sabían que lo habían desobedecido, por tanto, entró el pecado a aquel lugar perfecto que Dios les había preparado para vivir y sintieron vergüenza:

> Entonces el SEÑOR Dios llamó al hombre: —¿Dónde estás? El hombre contestó: —Te oí caminando por el huerto, así que me escondí. Tuve miedo porque estaba desnudo. —¿Quién te dijo que estabas desnudo? —le preguntó el SEÑOR Dios—. ¿Acaso has comido del fruto del árbol que te ordené que no comieras? El hombre contestó: —La mujer que tú me diste fue quien me dio del fruto, y yo lo comí. Entonces el SEÑOR Dios le preguntó a la mujer: —¿Qué has hecho? —La serpiente me engañó —contestó ella—. Por eso comí. (Génesis 3.9–13)

Cuando Dios llama a Adán para pedirle cuentas, él responsabiliza a Dios por la mujer que le dio; cuando le preguntó a la mujer, ella responsabiliza a la serpiente. ¡Qué actitud tan humilde y digna hubiera sido: «Desobedecí tu Palabra Señor, perdóname». No cabían más excusas.

Si deseamos triunfar en la vida, una de las expresiones más bellas que debemos tener en nuestro corazón y en nuestros labios es: «Perdón, me equivoqué. Asumo mi responsabilidad». Cuando hacemos esto crecemos emocional y espiritualmente porque superamos nuestras faltas, reconocemos que los seres humanos nos equivocamos y que los errores no nos sacan de circulación. Admitirlos nos lleva día a día a ser mejores personas y a comprender a los demás.

Aunque Dios impartió disciplina a los desobedientes y a sus demás generaciones, manifestó su amor y su ternura cuando a pesar de su pecado les hizo ropa para cubrir la desnudez causada por su desobediencia: «Y el Señor Dios hizo ropa de pieles de animales para Adán y su esposa» (Génesis 3.21).

Para llegar a triunfar necesitamos admitir cuando nos hemos equivocado, pedir perdón a Dios, a quien ofendimos y a nosotros mismos, para poder superarnos día a día. En lugar de responsabilizar a otros, enfrentemos los problemas y asumamos responsabilidad.

## REFLEXIONEMOS...

1. ¿Por qué la culpa es un sentimiento que duele y no ayuda a la persona a superarse?
2. ¿Qué diferencia existe entre sentirse culpable y sentirse responsable?
3. ¿Cuál es la mejor forma de proceder cuando cometemos un error?
4. ¿Por qué el admitir nuestros errores nos enriquece?

RETO: *Escribe una lista de aquellos incidentes por los cuales has responsabilizado a otros, pero hoy te das cuenta de que fue tu responsabilidad.*

CAPÍTULO 13

# DECÍDETE A TRIUNFAR...
# ¡ABRE TUS OJOS AL MUNDO
# *DE LAS POSIBILIDADES!*

*Un triunfador es una persona que siempre ve posibilidades, aunque esté* consciente de que hay problemas. Zig Ziglar, un reconocido motivador y escritor estadounidense, en su libro: *Más allá de la cumbre,* elogia la actitud del inmigrante. Explica que cuando los inmigrantes llegan a Estados Unidos se maravillan frente a todo lo que ven. No pueden creer lo que están viendo. Además, trabajan duro, valoran su trabajo, viven con lo menos posible, ahorran y administran bien su dinero. Ese entusiasmo por la vida les dirige a ver innumerables oportunidades, mientras los que viven en Estados Unidos miran con indiferencia las mismas oportunidades. Ziglar afirma que antes de que los inmigrantes descubran que en Estados Unidos también hay problemas, ya se han hecho de dinero. La imagen que estas personas se hacen de ellos mismos y de su futuro es extraordinaria, así que se enfocan y emprenden su viaje hacia lo extraordinario, teniendo la certeza de que lograrán sus sueños en la medida en que ellos se esfuercen. Por tanto, todas sus acciones se dirigen hacia el logro de su objetivo y caminan enfocados hasta alcanzarlo.[1]

Las posibilidades son oportunidades que están presentes dondequiera que estemos, pero solamente las vemos los que tenemos abiertos los ojos de la fe y la esperanza. Los que viven en el mundo de la oscuridad y la negatividad no pueden ver de ninguna manera posibilidades; solo ven obstáculos en el camino. Los conflictos internos, la vida llena de vicios, infidelidades y tantas otras cosas que nublan el entendimiento, no les permiten a las personas tener una visión exitosa porque cada quien ve en el exterior de acuerdo a como está interiormente. Una vida en desorden no goza de la quietud emocional que se necesita para poder observar el desfile de posibilidades que se nos presentan a diario. Es como si en tu casa hubiera un desorden de basura desparramada por todos lados y alguien pasara y arrojara desde la calle un diamante. No lo verías porque se perdería en el reguero de basura, tampoco verías quién lo arrojó ni cuándo lo hizo, ya que las montañas de basura también te lo impedirían. Es menester ordenar nuestra vida interior para ver en esa quietud todo lo bueno que llega a nuestra vida.

Existe otro mal que nos impide ver posibilidades, ese es el conformismo. Conformarse es someterse, resignarse a una situación. Quien se resigna se adapta o acepta la condición a la que está sometido, no hace nada por cambiar porque se siente bien. Esa persona es la que dice: «Después que tenga comida y un techo, con eso me conformo».

Zig Ziglar explica que en 1990 la camiseta de más venta en Japón fue: «¡Somos el número 1!». Mientras que la camiseta más vendida en Estados Unidos decía: «¡Flojo y orgulloso de serlo!».[2] Esa actitud es derrotista, mediocre, y una persona que se siente orgullosa de una mala actitud, no puede cambiarla, porque se siente cómoda en ese molde. Frente a esa persona orgullosa de ser floja puede pasar un tren de mil vagones de posibilidades y no va a ver ninguno de ellos, porque está enfocada en la flojera, en la zona de comodidad.

Norman Vincent Peale, el reconocido pastor, escritor y motivador estadounidense, en su libro *Por qué algunos pensadores positivos obtienen resultados poderosos*, nos cuenta que mientras caminaba por un callejón de Kowloon, en Hong Kong, vio en un escaparate de un taller de tatuajes la siguiente declaración negativa: «Nací para perder». Le asombró tanto el saber que alguien se quisiera tatuar algo tan adverso, que decidió entrar al lugar y preguntarle al chino: «¿De veras hay alguien que se haga tatuar en su cuerpo: "nací para perder"?». El chino le contestó que sí, pero terminó con esta importante declaración: «Antes que tatuaje en pecho, tatuaje en cerebro».[3] La declaración de esta persona es una realidad. La Biblia dice: «Porque cual es su pensamiento en su corazón, tal es él» (Proverbios 23.7, RVR1960). Llegarás a ser lo que piensas de ti mismo. Si piensas que eres un perdedor, actuarás como perdedor, porque tu acción se dirige de acuerdo a tus pensamientos. Por esa razón es tan importante que conozcas y estés seguro o segura de quién eres. En mi caso sé quien soy: soy una hija de Dios valiosa, creada por Él con un propósito, por eso creo firmemente en que Él me regaló capacidades para ponerlas a su servicio y al servicio de otros. Por tanto, me cuido de colocar en mi mente pensamientos que me dirijan a superarme todos los días para servirle a Él y a los demás.

Para poder visualizar las posibilidades hay que tener fe. Necesitamos creer que existe un Dios que recompensa a quienes le buscan, para que nuestro entendimiento sea alumbrado de tal manera que podamos ver todas las oportunidades que Dios nos presenta para nuestro crecimiento emocional, espiritual y material. Cuando desarrollamos la capacidad de ver lo que no se ve con los ojos físicos, sino con los ojos de la fe, adquirimos eso que se llama visión.

El salmo 23 es una palabra poderosa que amplía de forma extraordinaria nuestra visión y nuestra confianza en Dios: «El SEÑOR es mi pastor; tengo todo lo que necesito. En verdes prados me deja descansar; me conduce junto a arroyos tranquilos. Él renueva mis fuerzas. Me guía por sendas correctas, y así da honra a su nombre. Aun cuando yo pase por el valle más oscuro, no temeré, porque tú estás a mi lado. Tu vara y tu cayado me protegen y me confortan» (Salmos 23.1–4).

Estos versículos son una herramienta eficaz para enfrentar las circunstancias difíciles. Siempre me gusta reiterar que la gente no se ahoga porque haya mucha agua, se ahoga porque no sabe nadar. Lo importante no son las circunstancias sino lo que hacemos con ellas. Pero no podemos esperar a estar en el mar ahogándonos para aprender a nadar. Es necesario vivir equipándonos para la vida continuamente. Los que somos consejeros profesionales licenciados tenemos la obligación de tomar clases de educación de forma continua para poder renovar nuestra licencia cada tres años. Imagínate, si eso es para consejería, cuánto más lo tenemos que hacer para la carrera de obstáculos que comenzamos al nacer y continúa hasta la muerte. Los retos son mayores a medida que avanzamos en el camino, pero el poder de Dios en quienes lo buscamos de cerca es más grande que cualquier circunstancia y se perfecciona cada día más. ¿Cuál es nuestra visión? ¿Con qué lente vemos la vida? ¿Nos estamos capacitando para atravesar por las profundidades que la vida nos presenta o somos de los que dicen: «comamos y bebamos que mañana moriremos»? ¿Pertenecemos al grupo de los que vemos posibilidades en medio de los obstáculos o somos de los que vemos imposibilidades en cada oportunidad que se nos presenta? No importa lo oscuras que parezcan ser o realmente sean las cosas, busca siempre ese rayo de luz que se esconde detrás de nuestra corta visión. El hecho de que no lo veamos no significa que no esté, las posibilidades están para todos los que hemos cultivado la fe y la esperanza en alguien que nos ama incondicionalmente y es todopoderoso. Por eso, aunque el mar es profundo, quien lo creó tiene todo el poder para mantenerme caminando sobre las aguas si confío y vivo como Él me enseña. La obediencia trae bendición, ese fue y es mi estribillo en mi hogar, ¡qué maravillosos resultados nos ha dado!

Las oportunidades están, lo que pasa es que no las ves. No te rindas ante la adversidad ni ante la escasez ni ante ninguna circunstancia negativa que estés experimentando; abre los ojos de la fe, amplía tu visión acercándote cada día más a Dios porque Él es maravilloso y tiene muchas bendiciones para todas las personas que le buscan de corazón. Él hace su parte y a ti te corresponde hacer la tuya: planificar y trabajar con tenacidad para lograr hacer realidad lo que anhelas. Pero si en tu pensamiento no hay ambiciones porque te has adaptado a las circunstancias físicas, emocionales y espirituales que has vivido, te quedarás en el mismo lugar, rodeado del mismo ambiente, con el mismo sueldo, la misma carencia de fe y no alcanzarás nada. Alcanzamos lo que anhelamos con pasión y es cónsono

con los principios de Dios. El libro de Proverbios dice claramente:
«Los planes bien pensados y el arduo trabajo llevan a la prosperidad,
pero los atajos tomados a la carrera conducen a la pobreza»
(Proverbios 21.5). Lo que hace al ser humano pobre no es la falta de
oportunidades sino la falta de visión. Si organizas un plan de acción
y trabajas arduamente para lograrlo prosperarás en todas las áreas de
tu vida, porque Dios renueva nuestras fuerzas y ha prometido estar
con los que le buscamos todos los días hasta el fin.

> El SEÑOR es el Dios eterno, el Creador de toda la tierra. Él nunca
> se debilita ni se cansa; nadie puede medir la profundidad de su
> entendimiento. Él da poder a los indefensos y fortaleza a los
> débiles. Hasta los jóvenes se debilitan y se cansan, y los hom-
> bres jóvenes caen exhaustos. En cambio, los que confían en el
> SEÑOR encontrarán nuevas fuerzas; volarán alto, como con alas
> de águila. Correrán y no se cansarán; caminarán y no desmaya-
> rán. (Isaías 40.28–31)

¡Anímate! Estas promesas de Dios no son para todo el mundo,
sino para aquellos que confían en Dios, aquellos que están conectados a su presencia. Desde las alturas el águila tiene una visión
espectacular, así mismo en su presencia aprendemos a ver lo que
antes en las bajuras de la miseria espiritual no veíamos. Deja ya de
llorar, limpia las lágrimas que te están impidiendo ver claramente
el mundo de posibilidades que Dios abre para ti. No te rindas, llé-
nate de valor porque el Dios de la gloria está contigo, conmigo y
con todas las personas que se acercan a su presencia. ¡Conviértete
en una persona de posibilidades! Él está con los que le buscan de
veras para renovar tus fuerzas.

# REFLEXIONEMOS...

1. Describe la actitud del inmigrante.
2. ¿Quiénes son los que ven las posibilidades?
3. ¿Qué elementos impiden que podamos ver las posibilidades?
4. ¿Qué significa que llegarás a ser lo que piensas de ti mismo?
5. ¿Con qué tipo de lentes estás viendo la vida?
6. ¿Para quiénes son las promesas de Dios?

RETO: *Cultiva la actitud del inmigrante.*

# CAPÍTULO 14

# DECÍDETE A TRIUNFAR...

## ¡PERDONA!

*¡El triunfador es perdonador! La palabra perdonar significa «no tener en* cuenta la ofensa o falta que otro ha cometido, librar a alguien de una obligación o castigo, renunciar a un derecho, goce o disfrute».[1] Si aplicamos esa definición que da el diccionario, perdonar implica que cuando alguien nos ofende no le tomamos en cuenta su ofensa y renunciamos al derecho que tenemos de castigarle vengándonos por su mala acción. Eso no quiere decir que nos convirtamos en la alfombra que todo el mundo pisa y se queda pegada al piso. Esto significa que haciendo uso del dominio propio que hemos desarrollado los que triunfamos en la vida, le expresamos a la persona con firmeza, pero respetando la dignidad que ella no supo honrar, que su acción fue inapropiada. Si la persona se da cuenta de su error y rectifica, ¡maravilloso! Pero si por el contrario, no lo acepta, debemos comprender que es necesario poner límites de respeto, sin

odiar, guardar rencor, tramar venganza ni ningún sentimiento que estorbe nuestra paz mental y espiritual, porque siempre debemos tener en mente que tomamos la decisión de renunciar al derecho que tenemos de castigar cuando alguien nos ofende. Es innegable que hay personas muy conflictivas y difíciles de tratar; no obstante, no podemos destruirlas, sino aprender a marcar límites que nos permitan mantener relaciones interpersonales sanas aun con la gente conflictiva. Un amigo nuestro nos decía siempre que hay personas con las que tenemos que interactuar que son como la serpiente, debemos estar alertas para que no nos muerdan.

Perdonar es una decisión y un mandato de nuestro Creador. Él no nos dice perdona si lo sientes, perdona si tienes ganas o perdona si se lo merece. Él nos dice: «Cuando estén orando, primero perdonen a todo aquel contra quien guarden rencor, para que su Padre que está en el cielo también les perdone a ustedes sus pecados» (Marcos 11.25). Si Dios nos perdonó nuestras ofensas, ¿cómo nosotros no vamos a perdonar a quienes nos ofendan? Yo les digo a las personas en mi oficina de consejería que el día que yo sea perfecta, dejo de perdonar, pero como el único perfecto es Dios, tomé la decisión de perdonar siempre, siempre, siempre, no importa quién haya sido la persona que ofendió ni el tamaño de la ofensa. Por eso soy totalmente libre, no tengo deudas de amor ni de dinero con nadie, gracias a Dios.

Jamás podrás perdonar si esperas sentir estar listo para otorgar el perdón o si comienzas a preguntarte si quien te ofendió se lo merece. El perdón es un regalo inmerecido que Dios nos otorga a cada uno de los que creemos en Él y que nosotros —reconociendo que también pecamos y no somos perfectos—, en virtud de esa gratitud a Dios, decidimos otorgarlo a alguien que nos hirió en lo más profundo de nuestro ser, no porque sentimos hacerlo, sino como un acto de obediencia a una enseñanza explícita que Jesús nos dejó en la oración modelo del Padre Nuestro. Ese perdón que le otorgamos a otros nos libera a nosotros mismos y a la persona que nos hirió, e impide que quien nos ha herido siga teniendo poder sobre nosotros, aun estando lejos de nuestra presencia.

Conocí a un hombre que estaba muy amargado. Cuando indagué el porqué de su amargura, descubrí que todas las personas de su familia que él odiaba ya habían muerto. A pesar de eso, cuando me narraba su historia lo hacía con tanta vehemencia que revivía con su coraje a cada una de aquellas personas. La imposibilidad de perdonar que experimentaba ese hombre permitió que las heridas que le causaron los conflictos que tuvo con esos seres, le siguieran afectando y dominando aun después de estar muertos. Los muertos lo tenían de rehén y como consecuencia se había convertido en un alcohólico que revivía a cada uno de sus familiares muertos en su ebriedad. La embriaguez de aquel hombre era doble: de alcohol y de odio. El perdón te engrandece porque además de liberarte a ti de la cárcel del odio, ese acto de amor libera también a la otra persona que te ofendió.

Piensa en este momento en esa persona a quien no has perdonado todavía. Vence tu rencor con pensamientos de bien para ella y cede el paso a lo que te conviene: bendecir en lugar de maldecir. Cuando perdonas, te mantienes saludable emocional y físicamente. Puedes recordar lo que te pasó, pero ya no te hace daño. Es como si vieras la cicatriz de una quemadura, sabes que te quemaste en un momento, pero ya no te duele. Es maravilloso cuando una herida cicatriza y muy doloroso cuando, a pesar de haber pasado mucho tiempo, se infecta cada vez más hasta tener que experimentar el dolor de una amputación. ¡Cuánto sufre la persona que vive esta dolorosa experiencia! Eso mismo pasa con la infección emocional que produce el odio, ya que arruina por completo tu vida. En el cofre de la vida se guardan los buenos recuerdos y se desechan los malos después de haber sacado una lección de vida.

Perdonar no implica que vamos a dejar de usar la justicia en los casos que sea necesario. Cuando asesinan a un familiar nuestro, por ejemplo, perdonamos a quien lo hizo, pero tiene que enfrentar un proceso judicial. Lo importante es no hacerlo con venganza. Existe un refrán que muchos repiten con una sonrisa sin percatarse del daño que encierra para nuestro desarrollo espiritual y emocional: «La venganza es dulce». La venganza causa placer a quien la practica porque el vengador está inmerso en sentimientos de odio y rencor, y esto le representa un aparente desahogo. Lo que el refrán no señala son las consecuencias a todos los niveles que genera la venganza en el organismo. Cuando nos dejamos llevar por el impulso del desquite y permitimos que esa emoción se arraigue en nuestro ser, es como si preparáramos un vaso de veneno y lo ingiriéramos. Ese veneno se apodera de todo nuestro ser y en lo único que pensamos, y repensamos, es en la ofensa que nos hicieron (o en la ofensa que nosotros le hicimos a alguien y no nos hemos perdonado). Perdonar es un antídoto contra la maldad que nos rodea.

Cada vez que piensas en la venganza o en la injusticia que te han hecho, vuelves a experimentar las mismas emociones de ira y coraje que experimentaste el día de la ofensa. De esta manera, la herida por la ofensa se torna incurable porque cada vez que recuerdas lo sucedido, se abre nuevamente la herida. Sacar el odio de tu corazón te libera para que puedas producir pensamientos de bien.

Para perdonar o pedir perdón no necesitas que la otra persona esté de acuerdo contigo, tú decides perdonar porque tu ser está libre de odio y no quieres dañarte con amargura. Decides perdonar sobre todas las cosas porque es un acto de obediencia a Dios. Él es nuestro Padre querido, quien nos ama y nos perdona incondicionalmente y quien nos ha enseñado a través de su hijo Jesucristo que una vida que está llena de amor perdona siempre.

Perdonar no significa aprobar lo incorrecto que hizo la persona ni que vamos a seguir permitiendo faltas de respeto. Implica que te amo, pero no voy a tolerar lo intolerable, te amo, pero no voy a permitir lo que veja mi dignidad. Ese mensaje lo dejo saber con amor y firmeza por medio de mi lenguaje verbal y el no verbal. Por lo general, en mis conferencias digo que todos llevamos un letrero invisible que dice: «Trátame con dignidad o no valgo nada, maltrátame». Podemos decir verbalmente un mensaje, pero si nuestro lenguaje del cuerpo demuestra miedo, inseguridad, menosprecio por nosotros mismos, todos nos darán un puntapié. Recuerda siempre que eres valioso, que eres importante porque Dios te creó independientemente de quién te crió o de cuántos mensajes negativos escribió en tu corazón. Los triunfadores dejamos lo negativo en el pasado y nos llenamos con la seguridad que solo nos da la presencia de Dios. Por esa razón, cuando hablamos con alguien le miramos directamente a sus ojos con una postura derecha, los hombros hacia atrás, los glúteos apretados y la barbilla levantada. Esa postura en el lenguaje no verbal significa seguridad.

Un corazón que ama a Dios es perdonador, se siente limpio y en paz, por tanto, está seguro y actuará como lo que es: ¡una persona triunfadora! Graba estas palabras en lo más profundo de tu ser y practícalas aunque no tengas ganas de hacerlo: primero que todo es la acción, no el sentimiento de las «ganas de»; luego de la acción viene el sentimiento, que es la satisfacción del deber cumplido. Mi esposo, mis hermanos y toda mi familia dicen que esa ha sido la mejor lección que les he enseñado. Si esperamos a tener el deseo de hacer las cosas, permaneceremos inmóviles muchísimas veces. Muévete a la acción aunque no sientas hacerlo, una vez que comiences no querrás parar. Acostúmbrate a actuar por la obediencia al deber, no por lo que el cuerpo te pide. Aquí te incluyo una lección de amor para obedecer:

> Líbrense de toda amargura, furia, enojo, palabras ásperas, calumnias y toda clase de mala conducta. Por el contrario, sean amables unos con otros, sean de buen corazón, y perdónense unos a otros, tal como Dios los ha perdonado a ustedes por medio de Cristo [...] Por lo tanto, imiten a Dios en todo lo que hagan porque ustedes son sus hijos queridos. Vivan una vida llena de amor, siguiendo el ejemplo de Cristo. Él nos amó y se ofreció a sí mismo como sacrificio por nosotros, como aroma agradable a Dios. (Efesios 4.31, 5.1–2)

Por otra parte es importante que estemos conscientes de que aunque perdonemos, o en otros casos seamos nosotros quienes nos disculpemos, eso no quiere decir que siempre vamos a lograr una reconciliación o una restauración de la amistad. El acto de perdonar incluye a una persona, pero la reconciliación requiere la voluntad de dos, se necesita que la otra persona lo quiera hacer. Si después de un conflicto el ofensor no admite su error o si tú fuiste quien ofendió, y el ofendido no te quiere perdonar, ya tú hiciste la parte que te correspondía. Lo importante es que no guardes rencor y conserves la paz de tu corazón. La Biblia dice:

Si es posible, y en cuanto dependa de ustedes, vivan en paz con todos. No tomen venganza, hermanos míos, sino dejen el castigo en las manos de Dios, porque está escrito: «Mía es la venganza; yo pagaré», dice el Señor. Antes bien, «Si tu enemigo tiene hambre, dale de comer; si tiene sed, dale de beber. Actuando así, harás que se avergüence de su conducta.» No te dejes vencer por el mal; al contrario, vence el mal con el bien. (Romanos 12.18–21, NVI)

La reconciliación no se completó porque la otra persona no lo quiso hacer. Así que descansa en el Señor, practica lo que dicen los versículos mencionados, ora por la persona y sé feliz. Déjale a Dios lo que no está en tus manos resolver.

Frecuentemente me preguntan: «Si yo todavía me puedo acordar del incidente ocurrido, ¿quiere decir que no he perdonado totalmente a quien me ofendió?». El perdón no nos borra la memoria, pero también es cierto que la ofensa tampoco se puede estacionar en nuestra mente. Si ya perdoné, quiere decir que si en algún momento me acuerdo del incidente, ya no me hace daño ni me provoca sentimientos negativos. Es como cuando sufrimos una quemadura, al pasar el tiempo vemos la cicatriz, sabemos que nos quemamos, pero ya no nos duele. El perdón no implica que olvidarás para siempre un incidente, es que ya el recuerdo no te duele.

Perdonar no es síntoma de debilidad, sino de firmeza de carácter; significa que hemos podido conquistar nuestros impulsos naturales de venganza y ha triunfado la obediencia a Dios. En la carrera de la vida nadie puede convertirse en un triunfador cargando el peso de la amargura. El odio y la amargura te desenfocan porque en lugar de dedicarle tiempo a la creatividad, pierdes el tiempo pensando en lo que alguien te hizo, y no puedes hacer absolutamente nada para borrar o eliminar la ofensa. ¿Por qué dedicarle espacio en la mente a un asunto que no es productivo? Mientras sigues rumiando lo que te hicieron, lo sigues fijando en tu memoria y vuelves a sentir las mismas emociones que te ocasionó la ofensa la primera vez que te la hicieron. Esas reacciones perjudican tu salud, y mientras estás enfocado en la amargura, se te va la vida, se te van las oportunidades y se te acaba el tiempo de acción.

Las experiencias pasadas deben formar tu carácter; nunca deben ser fantasmas que vienen del pasado al presente para herirte y dañar tus relaciones actuales. ¡Perdona, sé libre y vive feliz una vida de triunfo!

## REFLEXIONEMOS...

1.  ¿Qué significa perdonar?
2.  ¿Por qué es imprescindible perdonar para convertirnos en triunfadores?
3.  ¿Es perdonar sinónimo de olvidar? Explica con un ejemplo.
4.  ¿Implica perdonar dejar de aplicar la justicia cuando sea necesario? Explica.
5.  Describe a una persona que vive libre de odio y rencor. Enumera los beneficios.
6.  ¿Se logra siempre la reconciliación cuando perdonamos o pedimos perdón? Explica.

RETO: *Decide perdonar a esa persona que te hizo daño.*

# CAPÍTULO 15

# DECÍDETE A TRIUNFAR...
# ¡ACTÚA *CON SABIDURÍA!*

*Vivimos en una época en la que se glorifica la inteligencia, pero se exalta* poco la sabiduría. El conocimiento se ha multiplicado de forma increíble. Lo tenemos al alcance de una tecla, y aun viviendo muchas vidas como esta, no nos alcanzarían para poder estudiar todo lo que hay en los libros, en la Internet, más todo lo nuevo que cada día se publica. Algunos creen que el conocimiento es lo que les da valor y autoridad, y hacen alarde de lo que tienen en su intelecto. Otros piensan que ser inteligente significa lo mismo que ser sabio. Sin embargo, en 2 Crónicas 2.12, Hiram, rey de Tiro, elogia a Salomón diciendo que Dios le ha dotado tanto de sabiduría como de inteligencia: «porque le ha dado al rey David un hijo sabio, dotado de sabiduría e inteligencia» (NVI).

La capacidad intelectual que tiene el ser humano le sirve para adquirir conocimientos. Si sabes que 2 x 2 = 4, cuál es el sujeto y el predicado de una oración, lo que es una célula, cuándo fue la época de la gran depresión y tantos otros datos que se aprenden en la escuela o a través de la lectura, tienes conocimiento. Si sabemos todo eso, pero somos irresponsables con nuestras cuentas a pagar, tenemos adicciones o no valoramos a nuestra familia ni la administramos bien para que llegue a desarrollarse emocional, espiritual y físicamente, tenemos conocimiento, pero carecemos de sabiduría.

La sabiduría es la conciencia o el discernimiento que proviene de Dios y la adquirimos solo los que se la pedimos a Él. La sabiduría es la que nos capacita para administrar correctamente tanto los conocimientos que hemos adquirido como nuestra vida diaria. La Biblia, en el salmo 111.10, dice: «El principio de la sabiduría es el temor del SEÑOR» (NVI). Es importante aclarar que aquí el vocablo temor se refiere a respeto, no a miedo. Esto quiere decir que adquirimos sabiduría cuando reconocemos la grandeza de Dios y su señorío sobre nosotros, y sus principios constituyen el código de ética que nos dirige. El reconocer que alguien es superior a nuestra naturaleza humana es un acto de humillación frente a nuestro Creador. Esa conciencia provoca a Dios a iluminar nuestro entendimiento para que su voluntad impere en nosotros. En el libro de Crónicas, después que Salomón terminó la ceremonia en la cual dedicaba a Dios el templo que había construido para adorarle, Dios mismo se le apareció calladamente en la noche y le dijo lo que también nos dice a nosotros hoy: «pero si mi pueblo, que lleva mi nombre, se humilla y ora, busca mi rostro y se aparta de su conducta perversa, yo oiré desde el cielo, perdonaré sus pecados y restauraré su tierra. Mis ojos estarán abiertos y mis oídos atentos a cada oración que se eleve en este lugar» (2 Crónicas 7.14–15).

Humillarnos delante de su presencia reconociendo nuestro pecado, orando a Él y buscando su rostro, nos garantiza el perdón de nuestros pecados y el que nuestras oraciones serán escuchadas. Es Dios quien nos llena de su amor, nos capacita para vivir obedeciendo sus principios y amar a nuestro prójimo como nos amamos a nosotros mismos. Pensar en los demás y tratarlos con dignidad, eso es sabiduría.

El libro de Proverbios describe los beneficios de la sabiduría:

Alegre es el que encuentra sabiduría, el que adquiere entendimiento. Pues la sabiduría da más ganancia que la plata y su paga es mejor que el oro. La sabiduría es más preciosa que los rubíes; nada de lo que desees puede compararse con ella. Con la mano derecha, te ofrece una larga vida; con la izquierda, riquezas y honor. Te guiará por sendas agradables, todos sus caminos dan satisfacción. La sabiduría es un árbol de vida a los que la abrazan; felices son los que se aferran a ella. (Proverbios 3.13–18)

El proverbista afirma que quien encuentra la sabiduría es dichoso porque esta rinde más ganancias que el oro, es más valiosa que las piedras preciosas y no se puede comparar ni con lo más deseable que pueda haber en este mundo. Explica que con ella alcanzamos larga vida, somos respetables por nuestra manera íntegra de vivir y nos dirige a administrar bien nuestras capacidades, el dinero y, en resumen, nuestra vida. El tener congruencia entre los principios que Dios ha establecido, nuestras acciones, nuestra vida emocional y la espiritual, nos trae una paz que nos permite tener la creatividad necesaria hasta para que nuestro dinero crezca, siempre manteniendo nuestro buen testimonio. De tal manera, que el camino de la vida lo podamos recorrer como dice el proverbista: placenteramente y en paz.

El conocimiento intelectual en sí mismo no nos llena de paz ni de honor. Hay personas que saben lo que deben hacer, pero no lo practican, quiere decir que tienen conocimiento, pero les falta la sabiduría. Muchas veces me pregunto, ¿cómo es posible que siendo creyentes, algunos sigan experimentando necesidades de toda índole, en todo momento y por toda su vida, cuando Dios ha prometido suplir nuestras necesidades conforme a sus riquezas en gloria? ¿Por qué su vida familiar, su situación económica y su estado emocional en depresión continua reflejan una calidad de vida deficiente? No basta con decir: «Yo creo en Dios». Es necesario desarrollar una relación personal con Él en la que la fe y esperanza nos muevan por encima de las circunstancias y lleguemos a pensar y actuar como personas triunfadoras. «Y este mismo Dios quien me cuida suplirá todo lo que necesiten, de las gloriosas riquezas que nos ha dado por medio de Cristo Jesús» (Filipenses 4.19).

Necesitamos entregarnos totalmente a Dios para adquirir la sabiduría necesaria que nos permita administrar nuestra vida y nuestras finanzas. ¿Qué significa una entrega total? Es vivir anhelando hacer su voluntad por encima de lo que podamos sentir. Es que frente a lo que me gustaría hacer y lo que es correcto, escojo lo correcto. Implica autoevaluarnos y aprender de los errores que cometemos, de las malas experiencias que a veces vivimos para no pasar nuestra existencia equivocándonos constantemente.

¡Escucha, Israel! El Señor es nuestro Dios, solamente el Señor.
Ama al Señor tu Dios con todo tu corazón, con toda tu alma y con todas tus fuerzas. Debes comprometerte con todo tu ser a cumplir

cada uno de estos mandatos que hoy te entrego. Repíteselos a tus hijos una y otra vez. Habla de ellos en tus conversaciones cuando estés en tu casa y cuando vayas por el camino, cuando te acuestes y cuando te levantes. (Deuteronomio 6.4–7)

El respeto a Dios en el corazón, vivir en obediencia y tener la sabiduría para administrar bien la vida diaria son los frutos de una persona que se ha entregado a Dios. Eso no significa que todo en la vida del creyente va a ser color de rosa, pero tampoco puede ser que la vida de un creyente se caracterice por la crisis. La sabiduría es imprescindible para dirigir todo nuestro ser y el de nuestros hijos hacia el triunfo. Vemos que la maldad se ha ido multiplicando porque de generación en generación los padres no han repetido a sus hijos ni le han modelado los mandamientos de Dios, porque a su vez sus padres no lo hicieron con ellos. Así se ha ido copiando la maldad, cada uno con la excusa de que a ellos no se les enseñó. ¿Por qué en lugar de culpar a otros, cada individuo que forma parte de una familia, no decide romper el círculo vicioso de la maldad y comienza a enseñar la obediencia a Dios a los de su generación tal y como nos enseña Deuteronomio 6.4–7? Eso es sabiduría.

Son incontables los beneficios que nos ofrece la sabiduría, y Dios, por su gracia y su amor infinito, está dispuesto a dárnosla a todos los que se la pedimos. Su Palabra, afirma:

Si necesitan sabiduría, pídansela a nuestro generoso Dios, y él se la dará; no los reprenderá por pedirla. Cuando se la pidan, asegúrense de que su fe sea solamente en Dios, y no duden, porque una persona que duda tiene la lealtad dividida y es tan inestable como una ola del mar que el viento arrastra y empuja de un lado a otro. Esas personas no deberían esperar nada del Señor; su lealtad está dividida entre Dios y el mundo, y son inestables en todo lo que hacen. (Santiago 1.5–8)

¡Dios es maravilloso, es real y te dará la sabiduría en abundancia! No continúes tomando decisiones a ciegas, confiando solo en tu intelecto o en recomendaciones que te hacen otros. En su lugar, pídele la sabiduría al Dios que te acompañará siempre y te dará paz aun en los momentos más dolorosos de tu vida. En la medida en que tengas mayor amistad y comunión con Dios, mejor calidad de vida tendrás porque estarás bebiendo constantemente de su sabiduría.

Un triunfador es aquel caracterizado por su sabiduría en la manera de pensar, sentir, actuar y tomar decisiones. Atesora y graba en tu corazón esta palabra que iluminará siempre tu entendimiento antes de actuar, así como lo ha hecho conmigo.

Si ustedes son sabios y entienden los caminos de Dios, demuéstrenlo viviendo una vida honesta y haciendo buenas acciones con la humildad que proviene de la sabiduría; pero si tienen envidias amargas y ambiciones egoístas en el corazón, no encubran la verdad con jactancias y mentiras. Pues la envidia y el egoísmo no forman parte de la sabiduría que proviene de Dios. Dichas cosas son terrenales, puramente humanas y demoníacas. Pues, donde hay envidias y ambiciones egoístas, también habrá desorden y toda clase de maldad.

Sin embargo, la sabiduría que proviene del cielo es, ante todo, pura y también ama la paz; siempre es amable y dispuesta a ceder ante los demás. Está llena de compasión y de buenas acciones. No muestra favoritismo y siempre es sincera. Y los que procuran la paz sembrarán semillas de paz y recogerán una cosecha de justicia. (Santiago 3.13–18)

## REFLEXIONEMOS...

1. ¿Qué diferencia hay entre inteligencia y sabiduría?
2. ¿Cuál es el principio de la sabiduría?
3. Menciona las característica de una persona sabia.
4. ¿Por qué algunos creyentes viven en miseria espiritual, emocional y física?

RETO: *Comienza desde hoy a leer la Biblia para que te conviertas en una persona sabia.*

# CAPÍTULO 16

# DECÍDETE A TRIUNFAR...
# ¡DEJA LAS *MALAS AMISTADES!*

*Recuerdo que mi papá cuando éramos muy niños siempre nos decía:* «Tengan amistades que les sumen valor, no que les resten valor». A veces escuchamos decir: «¿Qué de malo tiene que tal persona sea mi amiga, si yo no hago lo que ella o él hacen?». Nada más lejos de la verdad. Estudios revelan que las amistades son una influencia muy fuerte en las actitudes y en el comportamiento de un individuo, de tal manera que los amigos se parecen cada vez más entre sí. Esto quiere decir que si las amistades tienen valores, virtudes, anhelos de superación, invierten su tiempo en lo que es digno y tienen convicciones profundas sobre quién es Dios y lo que Él nos pide que hagamos, su influencia será positiva. Pero de lo contrario, las influencias serán negativas. Lo que engaña a muchos es creer que pueden compartir en un grupo de diversas maneras sin contaminarse de sus malas costumbres. Es como estar todos en un

ascensor con personas enfermas de tuberculosis y después de subir
y bajar por ocho horas, creer que no nos hemos contagiado. ¿Por
qué querer llegar siempre hasta el límite para probar que se es fuerte? Con un propósito específico, el libro de Proverbios nos advierte:
«No te hagas amigo de gente violenta, ni te juntes con los iracun-
dos, no sea que aprendas sus malas costumbres y tú mismo caigas
en la trampa» (Proverbios 22.24–25, NVI).

Fíjate que nuestra vida está definida por las costumbres que
practicamos, las que, a su vez se adquieren por el aprendizaje y este
se logra por medio de la observación continua hasta que el cuerpo
memoriza la costumbre y la integra. Por esa razón de que las costumbres se aprenden, no nacemos con ellas, es que debemos seleccionar amistades de las que podamos aprender. Amistades que
enriquezcan nuestra vida emocional y espiritual, y que a la vez
nosotros podamos influenciar con nuestras buenas costumbres.

Conviene saber que la influencia de las amistades es lenta
pero constante, no es de hoy para mañana, pero hace efecto. Por
eso la Biblia nos advierte que de las malas amistades salen las
malas conversaciones y esas son las que corrompen las buenas
costumbres: «No se dejen engañar: "Las malas compañías corrompen las buenas costumbres". Vuelvan a su sano juicio, como conviene, y dejen de pecar. En efecto, hay algunos de ustedes que no
tienen conocimiento de Dios; para vergüenza de ustedes lo digo»
(1 Corintios 15.33–34, NVI).

Hay un refrán pueblerino que dice mucho sobre las malas
influencias y cómo nos afectan: «El que se junta con perros, a
ladrar aprende». Al principio los ladridos nos parecen fuertes, pero
luego nos acostumbramos y cuando abrimos los ojos ya ladramos
igual o más fuerte que quien nos enseñó.

¿Cómo son tus amistades? ¿Te motivan a superarte? ¿Tienen buen testimonio? ¿Aportan a tu crecimiento emocional y espiritual o te perjudican con sus actitudes? Si tienes o tuvieras hijos, ¿te gustaría que tuviesen amistades como las que tienes en este momento? ¿Te hubiera gustado que formaran parte de tu familia? Por otro lado, es importante destacar que aunque las amistades sean las mejores y exhiban las mejores costumbres, no podemos diluir nuestra personalidad en la de los demás. Debemos vivir muy alertas mirando que todo lo que integremos a nuestras vidas pase por el filtro que aparece en el libro de Filipenses:

Concéntrense en todo lo que es verdadero, todo lo honorable, todo lo justo, todo lo puro, todo lo bello y todo lo admirable. Piensen en cosas excelentes y dignas de alabanza. No dejen de poner en práctica todo lo que aprendieron y recibieron de mí, todo lo que oyeron de mis labios y vieron que hice. Entonces el Dios de paz estará con ustedes. (Filipenses 4.8–9)

Si lo que vemos en otros no es verdadero, justo, puro, amable, digno de admiración o excelente, no lo debemos imitar. Cultivemos amistades que aporten elementos positivos a nuestra vida.

Te puede parecer exagerada mi posición, pero la vida es un regalo precioso que Dios nos ha dado. La vivimos solo una vez y no podemos volver a pasar por el camino andado. Además, es muy corta, cada paso en el presente construye lo que será nuestro mañana, no podemos borrar errores, solo los podemos corregir y por eso a veces tenemos que seguir, pero cargando con las consecuencias. Si pensamos en todo esto, ¿crees que debemos seleccionar las amistades con sabiduría o podemos amistarnos e ir a todos

lados con cualquier persona? ¡De ninguna manera! Si nos valoramos como lo que somos: hijos del Dios viviente, quien nos creó con
un propósito especial, ¡debemos calificar a las personas con las que
vamos a compartir íntimamente! Porque un amigo no es un conocido o un compañero de trabajo con quien compartimos solo experiencias del empleo por ocho horas.

Un verdadero amigo es aquel con quien compartimos nuestras
penas y alegrías; es aquel que nos ama incondicionalmente; es quien
nos señala los errores y faltas, pero nos cubre delante de los demás;
es aquel que se alegra de nuestros éxitos y se entristece con nuestros
fracasos; es quien nos consuela en el momento difícil, es aquel que
tiene palabras de sabiduría cuando nuestras fuerzas decaen... ¿Crees
que cualquier persona puede llenar los requisitos para ser tu amigo?
¿Por qué para tantas cosas en la vida hay que cumplir requisitos y a
la hora de tener una amistad de esa índole muchos escogen al primer
ser humano que encuentran en el camino? ¿No te has dado cuenta
de que seleccionamos a las amistades y las parejas de acuerdo a
nuestra calidad interior? Eso no quiere decir que vamos a hacer
como doña Florinda, la mamá de Kiko en *El chavo del ocho*, que le
decía a su hijo: «No te juntes con esa chusma». Dios nos manda a
amar a todo el mundo y a hacer el bien. En mi experiencia comparto
con todo el mundo el amor de Dios, lo que Él me ha enseñado, les
doy ejemplo, les enseño que hay un camino mejor, pero no me voy a
compartir con ellos en el punto de drogas ni en las discotecas ni en
reuniones ni en grupos que en nada van a aportar a mi crecimiento
espiritual o emocional. Y adondequiera que voy, todos saben cómo
pienso, cómo actúo, qué permito, qué no permito; en pocas palabras, cuáles son los límites. Eso se llama respeto. En este mundo
tenemos personas conocidas y personas que son nuestras amigas.

Una vida triunfante se rodea de vidas que aporten a su crecimiento personal, emocional y espiritual, porque en el compartir cotidiano nos influenciamos, nos enseñamos y nos corregimos unos a otros. Así salimos bendecidos todos al compartir esa amistad.

## REFLEXIONEMOS...

1. ¿Qué define nuestra manera de vivir?
2. Comenta el refrán: «El que se junta con perros a ladrar aprende».
3. ¿Cómo son tus amistades en términos emocionales y espirituales?
4. Describe lo que significa amistad.
5. ¿Cómo son las amistades de quienes triunfan?

RETO: *Evalúa a tus amistades, ¿te ayudan a edificarte o te destruye su influencia?*

CAPÍTULO 17

# DECÍDETE A TRIUNFAR...
# ¡TOMA *BUENAS DECISIONES!*

*Triunfar en la vida es el sueño de casi todos, pero son pocos los que quieren* pagar el precio que exige lograrlo. Triunfar en la vida no es asunto de un día para otro, es un proceso que te acerca a la meta o te aleja de acuerdo a las decisiones que vas tomando. Tomar las decisiones que nos llevarán al triunfo exige sabiduría, no depende solo del conocimiento intelectual. Una decisión es una elección dirigida a lograr un objetivo específico. Cada día necesitamos tomar muchas decisiones y todas estas van trazando el rumbo que seguirá nuestra vida. Nadie las puede tomar por nosotros, por esa razón nosotros mismos somos los responsables del camino que escogemos. Lo que estás experimentando hoy, sea positivo o negativo, es el resultado de decisiones que tomaste en el pasado. El hecho de reconocer que tomaste decisiones equivocadas no es para que te sientas culpable, sino para que comiences a enderezar tus pasos y a crear conciencia de que en cada decisión que tomas estás escribiendo parte de tu futuro. Tú solo no puedes encaminarte hacia el bien porque no conoces el futuro, lo único que puedes ver es lo que ya viviste y el momento que estás viviendo. No obstante, Dios conoce tu pasado, tu presente y tu futuro, y te pide que confíes en Él de todo corazón, que no seas sabio en tu propia opinión, para que Él pueda enderezar tu camino. Hasta que no hagas un hábito de estudiar y practicar los preceptos bíblicos, no conocerás la voluntad de Dios y, sin conocerla, no podrás tomar decisiones sabias. La clave del éxito en la toma de decisiones es confiar en Dios y pedirle sabiduría a Él, pues fue Él quien nos creó y sabe mejor que nadie lo que nos conviene y lo que necesitamos:

> Confía en el SEÑOR con todo tu corazón, no dependas de tu propio entendimiento. Busca su voluntad en todo lo que hagas, y él te mostrará cuál camino tomar. No te dejes impresionar por tu propia sabiduría. En cambio, teme al SEÑOR y aléjate del mal.
> (Proverbios 3.5–7)

Dios nos advierte en su Palabra que no confiemos solo en nuestro razonamiento cuando vayamos a tomar una decisión, sino que tengamos sabiduría. El conocimiento es intelectual, la sabiduría es cómo aplicamos ese conocimiento intelectual a la vida diaria, tomando en cuenta los preceptos divinos y las experiencias acumuladas ya sean propias o que las hayamos visto en otras personas. La Palabra nos exhorta a confiar en Dios: «Confía en el Señor y haz el bien; entonces vivirás seguro en la tierra y prosperarás. Deléitate en el Señor, y él te concederá los deseos de tu corazón. Entrega al Señor todo lo que haces; confía en él, y él te ayudará» (Salmos 37.3–5).

*Confiar* significa «esperar con seguridad y credulidad que algo suceda o que alguien se comporte como se desea».[1] Quiere decir que siempre debemos mantener una unión con Dios de tal manera que nuestra mente esté sumergida en sus promesas y en su carácter. Si nos entregamos a Él sin reservas, confiando plenamente en que cumple lo que promete, viviremos seguros y prosperaremos en todo lo que emprendamos no solo espiritualmente sino también materialmente, porque aun en los aparentes fracasos, su plan se cumplirá en nuestras vidas. Las circunstancias adversas que en determinados momentos enfrentamos aunque mantengamos nuestra vida en su voluntad, redundarán en nuestro beneficio, a pesar de que en el momento no lo entendamos. Él no nos dijo que teníamos que entender, nos dijo que si queríamos ver su gloria debíamos creer. Marta, María y su hermano Lázaro eran amigos de Jesús. Lázaro enfermó y sus hermanas mandaron a buscar a Jesús para que le sanara, pero este se demoró porque tenía un propósito con esta familia y Lázaro murió:

> María, cuando llegó a donde estaba Jesús, al verle, se postró a sus pies, diciéndole: Señor, si hubieses estado aquí, no habría muerto mi hermano. Jesús entonces, al verla llorando, y a los judíos que la acompañaban, también llorando, se estremeció en espíritu y se conmovió, y dijo: ¿Dónde le pusisteis? Le dijeron: Señor, ven y ve. Jesús lloró. Dijeron entonces los judíos: Mirad cómo le amaba. Y algunos de ellos dijeron: ¿No podía éste, que abrió los ojos al ciego, haber hecho también que Lázaro no muriera? Jesús, profundamente conmovido otra vez, vino al sepulcro. Era una cueva, y tenía una piedra puesta encima. Dijo Jesús: Quitad la piedra. Marta, la hermana del que había muerto, le dijo: Señor,

hiede ya, porque es de cuatro días. Jesús le dijo: ¿No te he dicho que si crees, verás la gloria de Dios? (Juan 11.32–40, RVR1960)

Notemos que los comentarios y las preguntas de los que estaban en el momento de la muerte, fueron producto de su dolor e incomprensión de lo que estaba pasando, porque ellos solo podían ver el presente, pero Jesús podía ver el futuro y sabía que aquel dolor redundaría en gozo y aumentaría la fe de todos. Jesús no tomó la decisión de demorarse a la ligera ni por hacer sufrir a Marta y a María, tenía un propósito con la vida de ellos, con el carácter de aquellos que eran sus amigos. Dios no hace absolutamente nada por vengarse ni por casualidad, todo lo hace por amor, por nuestro bien: «Entonces Jesús les dijo claramente: Lázaro ha muerto; y me alegro por vosotros, de no haber estado allí, para que creáis; mas vamos a él» (Juan 11.14–15, RVR1960).

Todas las decisiones son importantes, pero hay unas que no tienen trascendencia si nos equivocamos y otras que pueden cambiar el rumbo de nuestra historia o provocar mucho dolor. Si escojo entre dos rutas para llegar a un lugar y resulta que me tomó muchísimo más tiempo hacer el recorrido, eso no tiene repercusiones en mi vida. Por el contrario, si me casé a la ligera sin considerar los elementos importantes al tomar la decisión y resultó ser que era un tirador de drogas, o alguien que le gusta maltratar, ya es diferente la clase de equivocación. Porque aunque resuelva divorciándome hay mucho sufrimiento en el proceso, heridas físicas e hijos que se quedan sin un buen padre. Eso no quiere decir que si te ha pasado algo así, ya no tienes más nada que hacer, siempre hay oportunidad para levantarse y vencer, pero en algunos casos hay unas consecuencias que nos acompañarán. Lo que deseo que comprendas es que aunque te levantes de las caídas, mientras más conciencia cobres de la importancia que tienen las decisiones, más cuidado tendrás al tomarlas, teniendo la certeza de que cada una de ellas definirá tu vida.

Si deseas tener una vida triunfante valora cada decisión que necesites tomar y analiza las diferentes alternativas que tienes con sus respectivas consecuencias. Además, debes evaluar si esa decisión que estás tomando va de acuerdo con las enseñanzas que ya conoces de Dios y que están reveladas en su Palabra, y si estás haciendo el análisis con la mente o con el corazón. Las emociones son importantes en la vida de todos, se deben considerar a la hora de hacer una elección, pero no pueden ser las que dirijan y decidan tu vida porque son muy cambiantes. Es imprescindible razonar y velar que el corazón no te nuble el entendimiento. La mayoría de las malas decisiones tienen sus raíces en el apego a los sentimientos. ¿Cuántas mujeres y hombres son maltratados y siguen en la relación porque dicen que aman a su agresor? El momento en que se toma una decisión también es muy importante. Las decisiones sabias se toman en momentos de sosiego y análisis, no en el fragor de una discusión, cuando el razonamiento está nublado por la ira.

Es necesario apartar tiempo para meditar, porque los ruidos externos de la vida nos privan de conectarnos con la voluntad de Dios. Estudios en personas en estado de profunda meditación demuestran que el conjunto de neuronas que tiene que ver con la asociación y la orientación en el cerebro, se aquieta cuando la persona está sumergida en una intensa concentración.[2] En ese momento, cuando el cerebro acalla lo que nos rodea, tenemos el tiempo ideal para conectarnos con Dios, para que Él siembre en nuestro corazón su voluntad. Esa combinación de someternos a Dios y de haber cultivado nuestro espíritu en su presencia, da a luz buenas decisiones porque tenemos la claridad mental para evaluar con sabiduría cada uno de los aspectos que tienen que ver con la decisión. Repito, esto no es una actividad mágica; nuestra mente procesará lo que nosotros sembremos en ella. Si sembramos los principios de Dios, hacia allá nos encaminaremos, pero si trabajamos para lo que le da placer a la carne, de ahí se alimentarán nuestras decisiones y nos llevarán a la muerte emocional y espiritual.

¿Quieres ser sabio o sabia? Llena tu mente de los frutos del espíritu para que coseches decisiones del espíritu que redundarán en tu beneficio, en el de tu familia y en todo lo que hagas:

> Por eso les digo: dejen que el Espíritu Santo los guíe en la vida. Entonces no se dejarán llevar por los impulsos de la naturaleza pecaminosa. La naturaleza pecaminosa desea hacer el mal, que es precisamente lo contrario de lo que quiere el Espíritu. Y el Espíritu nos da deseos que se oponen a lo que desea la naturaleza pecaminosa. (Gálatas 5.16–17)

Cuando ustedes siguen los deseos de la naturaleza pecaminosa, los resultados son más que claros: inmoralidad sexual, impureza, pasiones sensuales, idolatría, hechicería, hostilidad, peleas, celos, arrebatos de furia, ambición egoísta, discordias, divisiones, envidia, borracheras, fiestas desenfrenadas y otros pecados parecidos. Permítanme repetirles lo que les dije antes: cualquiera que lleve esa clase de vida no heredará el reino de Dios.

En cambio, la clase de fruto que el Espíritu Santo produce en nuestra vida es: amor, alegría, paz, paciencia, gentileza, bondad, fidelidad, humildad y control propio. ¡No existen leyes contra esas cosas!

Los que pertenecen a Cristo Jesús han clavado en la cruz las pasiones y los deseos de la naturaleza pecaminosa y los han crucificado allí. Ya que vivimos por el Espíritu, sigamos la guía del Espíritu en cada aspecto de nuestra vida. (Gálatas 5.19–24)

Fíjate que lo que te pide el cuerpo es una cosa y lo que anhela el espíritu es otra. Nuestra parte carnal desea lo que le da placer y satisfacción a la parte externa de nuestra vida, pero nuestro espíritu anhela en su interior comunicarse con su Creador. Decidirse por el espíritu o por la carne es el reto más importante que enfrentamos en la vida. Porque de esta decisión dependen todas las demás decisiones que tomemos. ¿Satisfaremos la carne o el espíritu? Si decides por la carne te espera muerte espiritual y física, pero si escoges el espíritu te esperan días de vida en abundancia y bendición para ti y para tu familia, porque dirigirás tus pasos siguiendo las enseñanzas que transforman el ser interior.

## REFLEXIONEMOS...

1. ¿Es suficiente el conocimiento intelectual en la toma de decisiones? Explica.
2. ¿Cómo conoces la voluntad de Dios?
3. ¿Qué significa confiar?
4. ¿Qué aspectos debemos considerar en el momento de tomar decisiones?
5. ¿Por qué a veces se toman tan malas decisiones?

RETO: *Hazle frente a la decisión que se te ha hecho tan difícil tomar, después de haber aprendido en este capítulo los aspectos que debes considerar.*

# CAPÍTULO 18

# DECÍDETE A TRIUNFAR...
## ¡CUIDA TU REPUTACIÓN!

*Martín Luther King, Jr. fue un pastor bautista estadounidense y un* defensor de los derechos civiles. No ha quedado en la historia como el hombre más rico ni el más poderoso del mundo, pero sí ha trascendido como el hombre que desde joven estuvo consciente del problema de la segregación racial y luchó pacíficamente por los derechos de la población negra hasta el día en que murió asesinado. Este pastor bautista no mantuvo su buen nombre porque era pastor, ya que nuestro trabajo no es lo que define nuestra identidad, sino porque conocía cuál era su verdadera identidad. Sabía que era hijo de Dios y reconocía que además del padre terrenal, Dios era su padre Todopoderoso. Comprendía que era un hijo de Dios que vino a este mundo a cumplir con el propósito para el cual Dios le creó. El pastor Luther King vivió cumpliendo su propósito y se distinguió por su reputación intachable. Con su vida honró a

Dios, a sus padres, a su esposa, a sus hijos, a su iglesia, a todos los que le conocieron personalmente y a los que le hemos conocido a través de la lectura. Su asesino pudo matar su cuerpo, pero no logró terminar con su legado de amor y misericordia, porque hasta el día de hoy su memoria, sus actos de amor y su influencia, siguen vivos en el corazón de todos.

La Palabra de Dios dice: «De generación en generación se extiende su misericordia a los que le temen» (Lucas 1.50, NVI). Martin Luther King, Jr. vivió lo que significa el amor y la misericordia de Dios y los grabó en el corazón de su familia. Por tanto, este hombre tan especial se alimentó de estos atributos de Dios y los transfirió con su propio ejemplo a su generación. Él fue un triunfador porque rompió el círculo del prejuicio racial que cada generación seguía repitiendo y le enseñó a la que él pertenecía que había un camino mejor que él mismo había aprendido de Dios. Luther King le hizo honor al versículo citado del libro de Lucas porque se convirtió en un eslabón de la cadena de Dios al hacer suyos los propósitos de Él y convertirse en un portador de su gloria para su generación. A su vez, esa generación los transmitirán a sus hijos, quienes los enseñarán a los suyos, y así sucesivamente todos los que practiquen esos atributos de Dios continuarán llevando el mensaje de generación en generación.

Quienes decidimos practicar los pensamientos de Dios en nuestra vida somos parte de ese grupo de triunfadores que rompimos el círculo de maldad para seguir la cadena de Dios en la que cada creyente se convierte en un eslabón que le pasará a su generación el carácter de Dios. En lugar de seguir ampliando el círculo de maldad, lo hemos roto para marcar a nuestra generación con el mensaje de amor y misericordia de Jesucristo que comenzó en la cruz del Calvario, y que a su vez cada generación lo siga marcando en las sucesivas. Que en lugar de las familias heredar odio, maldad y conflictos, hereden amor, misericordia y paz. Esa herencia de buen nombre, de excelente reputación, de ejemplo de vida, es la que enriquece nuestra existencia y la de las familias que seguirán surgiendo del tronco de la nuestra.

En la Biblia leemos: «De más estima es el buen nombre que las muchas riquezas, y la buena fama más que la plata y el oro» (Proverbios 22.1, RVR1960). Las riquezas son perecederas aun cuando pertenezcan a un creyente. Hoy podemos tener mucho dinero y mañana podemos haberlo perdido todo. Sin embargo, con otro buen negocio las personas pueden recuperarse. No obstante, a pesar de que el dinero en sí mismo no es ni bueno ni malo, el buen nombre tiene mucho más valor que las riquezas. Si se pierde, es más difícil limpiarlo. Vale la pena vivir una vida intachable.

Los hijos llamarán bendito al padre que les deja un buen nombre como parte de su herencia. Cuando éramos niños, mi mamá siempre estuvo con nosotros en el hogar y mi padre era quien trabajaba. Los cinco hijos recibimos esta herencia de él: «Hay que amar a la familia, el crédito es importantísimo por eso es necesario cuidarlo, es necesario ser responsable en el trabajo y en todo lo que hacemos, es fundamental seleccionar amistades que nos den valor y no que nos resten valor en dignidad, nunca se habla mal de la familia con otras personas, es mejor decirse con amor en qué se han faltado, hay que respetar las leyes, las autoridades y a todo el mundo, no decir palabras soeces ni maldiciones, no casarse hasta terminar los estudios». Mi papá murió hace muchísimos años, pero su amor y sus enseñanzas permanecen como si me las estuviera diciendo ahora mismo, y las sigo respetando y lo sigo amando como si estuviera aquí a mi lado. ¡Qué rico sería poder decirle como siempre: «Bendición papi, y darle un buen beso y un fuerte abrazo y decirle ¡te quiero muchoooooooo!». Murió a los cincuenta y cinco años y no nos dejó dinero, pero lo que nos legó nadie nos lo ha podido robar ni se ha deteriorado.

Por otro lado, estaba mi mamá en el hogar enseñándonos con su ejemplo: a comportarnos como personas dignas, a respetar la figura del hombre y a respetarnos a nosotras mismas, a amar a nuestros hijos, a mantener la casa en orden y limpia, a realizar nuestras responsabilidades sin gruñir, a no estar en el vecindario ni en grupos para arriba y para abajo en la calle, a no tener amistades de apretón, a ser discretos, a amar nuestro hogar. De los cinco hijos ninguno se perdió y hoy mi mamá tiene ochenta y un años, tiene cáncer con metástasis en los huesos, pero tiene a sus hijos que la aman y están cuidando amorosamente de ella. Ella y mi papá sembraron cuerdas, cuerdas de amor y buen nombre en nuestros corazones. Ese legado no tiene precio.

Frecuentemente escuchamos decir: «Yo no vivo con la gente, por eso no me importa lo que digan de mí». Este comentario es muy despectivo y da la impresión de que la persona quiere vivir sin sujetarse a ninguna norma de conducta. Todos vivimos en una sociedad que, a pesar de todos los problemas existentes, todavía mantiene una serie de reglas para facilitar la convivencia entre unos y otros. Precisamente por vivir cada uno como quiere y no como anhela Dios es que vivimos en este caos social que arropa al mundo entero.

La reputación es la opinión que se han formado los demás de nosotros de acuerdo a lo que perciben de nuestras ejecutorias. Aquí están incluidos desde nuestro núcleo familiar cercano hasta quien solo nos ha visto una vez en una conferencia, en la televisión o brindando cualquier servicio en particular. Adondequiera que vamos hay personas observándonos, y el conjunto de comentarios que se van sumando y se van propagando, constituyen nuestra reputación.

Zig Ziglar, ese reconocido motivador y escritor estadounidense del que ya hemos hablado, comentó en uno de sus libros que las personas deberíamos actuar siempre como si estuviéramos ante una cámara de televisión encendida. Él nos relata que durante una de sus conferencias observó que los estudiantes se veían indiferentes y con malas posturas, pero cuando tomaron conciencia de que habían comenzado a filmar la actividad, todos se enderezaron, se peinaron y se mostraron atentos. El libro de Proverbios nos exhorta a preferir el buen nombre, la buena reputación sobre las muchas riquezas: «Elige una buena reputación sobre las muchas riquezas; ser tenido en gran estima es mejor que la plata o el oro» (Proverbios 22.1).

Algunos artistas se conducen escandalosamente para ganar fama y vender un producto. Otros individuos como Lee Harvey Oswald, el alegado asesino del expresidente de Estados Unidos, John F. Kennedy, han cometido horrendos crímenes para conseguir reconocimiento. Dios nos exhorta a no ganar fama a costa de un acto denigrante, sino a tener un buen nombre que esté basado en la integridad y en la obediencia a los preceptos que Él estableció en su Palabra. Determina en tu corazón tener un buen nombre que honre a Dios y que te honre a ti. Que nadie te pueda señalar por actos denigrantes y que si alguien murmurara de ti, que sea por pura calumnia. Así Él lo establece:

En cambio, adoren a Cristo como el Señor de su vida. Si alguien les pregunta acerca de la esperanza cristiana que tienen, estén siempre preparados para dar una explicación; pero háganlo

con humildad y respeto. Mantengan siempre limpia la conciencia. Entonces, si la gente habla en contra de ustedes será
avergonzada al ver la vida recta que llevan porque pertenecen
a Cristo. Recuerden que es mejor sufrir por hacer el bien —si
eso es lo que Dios quiere— ¡que sufrir por hacer el mal! (1
Pedro 3.15–17)

Los triunfadores no vivimos con la gente pero vivimos entre la
gente; cuidemos nuestra manera de vivir que es lo que define nuestro buen nombre. Que en todo momento podamos caminar con la
frente en alto porque nuestro testimonio y nuestra credibilidad son
intachables. Si te das cuenta de que tu vida ha estado llena de
tachones que no quisieras recordar, hoy es el mejor día para
comenzar una vida de triunfo. Solo tienes que arrepentirte y permitir que Jesucristo entre en tu corazón. Él te ama, te perdona y te
dice: «De modo que si alguno está en Cristo, nueva criatura es; las
cosas viejas pasaron; he aquí todas son hechas nuevas» (2 Corintios
5.17 RVR1960).

## REFLEXIONEMOS...

1. ¿Qué dice la Biblia sobre el buen nombre?
2. ¿Crees que una vida desordenada puede llegar a construir
   una buena reputación? ¿Por qué?
3. ¿Cómo se llega a tener buen nombre?
4. ¿Te dejó una herencia de buen nombre tu familia o tienes
   tu vida en pedazos?
5. ¿Puedes mencionar cada una de las lecciones de amor que
   te transmitieron tus padres?

6. ¿Qué puedes hacer para romper el círculo de maldad y convertirte en un eslabón de la herencia del carácter de Dios?

7. Analiza este versículo bíblico y aplícalo a tu vida.

8. ¿Qué herencia de carácter le estás dejando a tu familia? ¿Los estás dirigiendo a continuar el círculo de maldad o el de bondad?

RETO: *Siembra los pensamientos de Dios en tu corazón para que crezcas en Él, des sus frutos y cambies tu historia, así como la herencia que le dejarás a tu familia.*

CAPÍTULO 19

# DECÍDETE A TRIUNFAR...
## ¡CONTROLA TU TEMPERAMENTO!

*El hombre se ha destacado por su inteligencia y por su espíritu de conquista.*
Ha conquistado ciudades, ha ido a la luna, ha descubierto vacunas
para combatir enfermedades, ha inventado tecnología sofisticada,
ha podido amaestrar a los animales más salvajes y ha desafiado los
peligros de la naturaleza. Pero, ¡qué difícil se le ha hecho domar a
la fiera que vive en su interior!

A través de Proverbios Dios exalta el valor que tiene el hecho de
dominar nuestro temperamento e incluso afirma que es más importante el que se domina a sí mismo y toma control de sus emociones,
que quien conquista una ciudad. Con esta comparación nos deja ver
cuán difícil es para el ser humano tomar las riendas de su vida y cómo
su peor enemigo no está en el exterior sino dentro de él mismo.

¿Qué temperamento vienes arrastrando con tu historia? ¿Cómo
manifestaban la indignación en tu casa? ¿Cómo resolvían los

conflictos? ¿Cómo se trataban cuando tenían opiniones diferentes? ¿Tirando, rompiendo cosas, tirando puertas, gritando, hablando con vocabulario insultante, o se analizaban los problemas y se les buscaba solución? Si queremos tener éxito en la vida debemos aprender a gobernar nuestras emociones. La persona iracunda demuestra una pobre autoestima, mucha inseguridad, poca o ninguna madurez, impotencia, falta de herramientas para enfrentar las situaciones difíciles y una frustración total con lo que es. Tiene una vida espiritual y una estructura de pensamiento deficiente, aunque asista a una iglesia. Vemos su escasez espiritual y emocional en la forma en que se expresa: maldice, insulta, dice palabras soeces, culpa a otros por su descontrol, deja ver su desorganización interior, sus ideas son cortantes y exageradas, y en general su pensamiento es negativo. No sabe pensar, evaluar para luego hablar, por el contrario, permite que los impulsos automáticos del coraje se disparen sin control, y destruye con su palabra y hasta físicamente todo lo que encuentra a su paso. Finalmente, cuando ya ha pasado todo lo que motivó que el fuego se encendiera, entonces puede darse cuenta del daño que ocasionó no solo a otros sino a sí mismo. Una persona que no ha dominado su temperamento no ha triunfado, no importa cuán exitosa haya sido económica o intelectualmente.

La Biblia dice: «Mejor es ser paciente que poderoso; más vale tener control propio que conquistar una ciudad» (Proverbios 16.32).

Quiere decir que hay más virtud y poder en el hombre que gobierna su temperamento y no se deja arrastrar por sus pasiones que en el que conquista una ciudad. Es una realidad que el hombre y la mujer solos no pueden lograr conquistar a la fiera que existe dentro de ellos mismos sin la intervención divina en su corazón. Solo Dios, que nos creó a ti y a mí, conoce nuestra necesidad y cómo suplirla. Solo Él nos provee las fuerzas para desarrollar dominio propio.

Cuando incorporas a Dios a tu vida, no tienes que gritar para demostrar que tienes la razón o que eres valioso. El reconocer que eres valioso porque Dios te creó, independientemente de que tengas la razón o no, de que una persona te ame o no, de que te acepten o no, cambia tu manera de ver las circunstancias y, por consiguiente, de actuar. El sentirte valorado te permite expresar sosegadamente lo que anhelas, lo que mereces y exiges, sin luchar por el poder porque, sencillamente, tu conciencia divina te fortalece para vencer las circunstancias. Además, una persona que triunfa sobre su mal temperamento, vence a su «yo» y se dirige siempre a cultivar buenas relaciones con los demás, mientras que la ira nubla el entendimiento y quema los puentes de comunicación entre las personas. Por tanto, en momentos de conflicto, la mejor actitud nos la ofrece la Biblia: «La respuesta amable calma el enojo, pero la agresiva echa leña al fuego» (Proverbios 15.1, NVI).

Es admirable la persona que ha desarrollado un carácter firme y puede manifestar dominio propio en el momento de crisis. Eso sí es ser un verdadero hombre o una verdadera mujer. Esa actitud nos distinguirá adondequiera que vayamos. Si quieres ser una persona triunfadora y careces de dominio propio comienza a eliminar pensamientos y hábitos equivocados para que logres otra manera de vivir. Pensamientos equivocados como: «Es que me sacó por el techo, me sacó de quicio, tenía que darme coraje, tenía que hablarle fuerte porque se lo merecía, se ganó la bofetada, ella o él sabía que eso me descontrola, ¿por qué siempre hace lo mismo?, si no me provocara sería diferente». Ninguna de esas excusas es válida para alguien que ha aprendido a tener dominio propio. Tú pierdes el control porque decidiste perderlo, porque tú y solo tú eres responsable de lo que piensas, de lo que sientes y cómo actúas. Nuestro Creador conoce perfectamente cómo funcionamos y nos dice: «Pues Dios no nos ha dado un espíritu de temor y timidez sino de poder, amor y autodisciplina» (2 Timoteo 1.7).

Quiere decir que es de cobardes dejarnos arrastrar por las emociones cuando Dios ha capacitado a todos los que reconocemos su señorío en nuestras vidas con el poder para vencer la situación que sea en su nombre. Él nos ha dado además de todo su poder, todo su amor y todo lo necesario para ejercer el dominio propio. La capacidad ya está, ahora falta tu voluntad. Recuerda siempre que Dios hará lo imposible, pero nosotros tenemos que hacer lo posible.

¿Cuáles son los actos posibles que debemos llevar a cabo? Es tiempo de que abandones tu comodidad en la que te dejas llevar por lo que aprendiste, y comiences a sustituir tus pensamientos equivocados por los pensamientos divinos. En el conflicto, no ataques a la persona diciéndole: «Tú siempre o tu nunca...». Piensa en cuál es tu meta: ¿resolver la situación o herir a la otra persona? Para resolver debemos llegar no solo al pensamiento sino también al corazón de la persona. De lo contrario se convierte en una lucha por quién tiene la razón y todos pierden en el proceso. Expresa cuál es el problema y procura buscar una solución que funcione para ambos. Razona el proceso por el cual estás pasando para que mantengas el control. No olvides que la ira es irracional y actúa como un fuego que se extiende rápidamente y puede acabar en poco tiempo con extensas cuerdas de amistad y de amor. No obstante, es necesario atender la indignación frente a algo deshonesto o impropio, porque todo conflicto que no se resuelve crece. Nuestra actitud no debe ser evadir el problema sino saber enfrentarlo. Aunque hay situaciones que no están en nuestras manos resolver, sí podemos encontrar el mejor plan de acción para atenderlo.

Una persona triunfadora:

- En cualquier conflicto se dice a sí misma: «Voy a estar tranquila para poder pensar bien y hablar lo pertinente».
- Elige el momento oportuno para hablar del asunto.
- Piensa cuidadosamente antes de hablar.
- Escucha con atención lo que le está diciendo la persona con las palabras, pero también está atenta al lenguaje no verbal, sin ponerse a la defensiva.
- Espera que la persona se exprese y le aclara con respeto los malos entendidos sin acusar.
- Presenta posibles soluciones y las analiza con la persona.

La persona triunfadora no busca razones para sostener el conflicto, encuentra razones para resolverlo. En la medida en que superes los malos hábitos sustituyéndolos por los excelentes hábitos de dominio propio, te convertirás en una persona exitosa.

## REFLEXIONEMOS...

1. ¿Qué temperamento vienes arrastrando con tu historia?
2. ¿Cómo manifestaban la indignación en tu casa?
3. ¿Cómo es la persona iracunda?
4. ¿Qué significa dominio propio?

5. Comenta la siguiente aseveración: «Una persona que no ha dominado su temperamento no ha triunfado, no importa cuán exitosa haya sido económica o intelectualmente».

6. Menciona las características de una persona triunfadora con el control de su temperamento.


RETO: *Evalúa tu temperamento y desarrolla dominio propio.*

# CAPÍTULO 20

# DECÍDETE A TRIUNFAR...
# CULTIVA BUENAS
# ¡RELACIONES INTERPERSONALES!

*Las relaciones interpersonales nos persiguen adondequiera que vayamos:* en el trabajo, en el hogar, en las tiendas o en cualquier lugar al que decidamos ir; allí están ellas esperándonos para conectarnos con la gente. Aun cuando decidamos quedarnos en casa y hacer alguna gestión por teléfono, por correo electrónico o por fax, allí también está presente la necesidad de relacionarnos con los demás.

La persona triunfadora tiene excelentes relaciones con la gente, aun con aquellas que son más difíciles de comprender. Por eso, la interrelación con otras personas es una de las destrezas más importantes y más difíciles que debemos desarrollar si no lo hemos hecho hasta ahora. De lo contrario, nos sometemos a una cruenta lucha entre nosotros y la humanidad entera, porque, como he dicho, a cualquier lugar que vayamos (incluyendo nuestro hogar) generaremos conflictos. Es curioso que, por lo general, quien genera el conflicto siempre está culpando a los demás. Lo importante de todo esto es que si queremos ser personas exitosas en la vida es imprescindible lograr relacionarnos bien con la gente, independientemente de cómo ellos sean. Tratarlos con dignidad, aunque ellos no se comporten con dignidad. El apóstol Pablo en su Carta a los Romanos nos dice: «Nunca devuelvan a nadie mal por mal. Compórtense de tal manera que todo el mundo vea que ustedes son personas honradas. Hagan todo lo posible por vivir en paz con todos» (Romanos 12.17–18).

Independientemente de cómo sean los demás, debemos dar siempre testimonio de que somos gente amable, sincera, honrada, digna y respetuosa, y como tal nos comportamos y los tratamos a ellos. En todo lo que esté al alcance nuestro, debemos vivir en paz con todos. Dar buen testimonio y vivir en armonía con los demás nos permite entrar en el corazón de la gente y ser una buena influencia.

Desarrollemos el arte de comprender a los demás:

- Evaluemos nuestra vida y preguntémonos si somos una buena influencia para los demás.
- Veamos a las personas como creación de Dios aunque no se comporten como tal.
- Veamos sus malas actitudes como falta de madurez e imaginémonos cuán horribles nos veríamos nosotros si cometiéramos ese error.
- No demos importancia a todo lo que nos disgusta, siempre y cuando no pase los límites del respeto.
- Reconozcamos que en toda relación interpersonal hay diferencias y que lo importante es saber diferir sin dejar de amarse.

- Cuando tengas una diferencia con alguna persona, controla tu impulsividad para que puedas expresarte de forma sensata. Nunca es bueno dejarse dominar por las emociones.
- Siempre mantén el dominio propio en cualquier situación que se te presente y medita bien lo que vas a decidir. Algunas veces, cuando las cosas andan mal, es útil alejarnos de esa situación por algún tiempo, en lo que nos «enfriamos». No permitas jamás que tus emociones te dominen.
- Colócate en el lugar de la otra persona y evalúa la situación desde su punto de vista también. Esto te hará más comprensivo y tolerante.
- Decide expresar con palabras tus más íntimas emociones, para que las puedas compartir sosegadamente con quien te ofendió.
- Piensa que si tú hubieras ofendido a alguna persona y te arrepintieras de tu acción, te gustaría que el ofendido te perdonara.
- Compórtate con los demás como a ti te gustaría que se comportaran contigo.
- Digámosle aquellas características buenas que tienen.
- Edifiquemos una buena relación en la que haya respeto, amor y confianza, respetando los límites que debe haber en cualquier relación.
- Si en algún momento hay un mal entendido aclarémoslo lo antes posible y pidamos perdón si fuera necesario.
- Nunca luches por tener la razón. Expón tu punto de vista con claridad y respeto, pero respeta tú también su posición. Respetar no quiere decir que vas a practicar lo que la otra persona hace, sino que la aprecias aunque piense diferente.

- Influye con tu ejemplo de vida, no con discusiones vanas que destruyen las relaciones.

La amistad con una persona triunfadora es de bendición a las vidas que comparten con ella. Solo amando, siendo paciente y dando ejemplo de cómo se manejan las diferencias misericordiosamente, descubrirás el secreto de mantener relaciones interpersonales sanas y triunfarás en todo lo que emprendas. De esta manera, adondequiera que vayas, la gente dirá: «Esa persona es diferente». Tu nombre será asociado con buenos recuerdos. De tal modo que los demás puedan aplicar a tu vida el siguiente pensamiento anónimo: «Algunas personas entran en nuestra vida y se van casi al instante. Otras se quedan y nos crean tal impresión en el corazón y el alma que nos cambian para siempre».

## REFLEXIONEMOS...

1. ¿Cómo son las relaciones interpersonales de la gente triunfante?
2. ¿Qué puntos debemos considerar para desarrollar el arte de comprender a los demás?
3. ¿Qué hacer cuando las personas son conflictivas?
4. ¿Por qué por lo general quien genera el conflicto, culpa a otros?
5. ¿Cómo logramos influenciar a otros?

RETO: *Evalúa cómo crees que te ven los demás y hazle la pregunta a alguien con quien te relacionas a menudo.*

# CAPÍTULO 21

# ¡DECÍDETE A TRIUNFAR...
# CONSTRUYE UNA
# *¡AUTOESTIMA SALUDABLE!*

*Una persona triunfadora sabe cómo tratar a los demás y cómo debe ser* tratada porque reconoce su valor. La autoestima es el valor que te asignas tú mismo. Es el sentimiento que albergas respecto al concepto que tienes de ti. ¿Cómo te sientes respecto a quien eres? El amor y la apreciación que tengas de ti influirá directamente en tus decisiones, en la forma en que te relaciones con los demás y en la manera como interpretes todo lo que sucede a tu alrededor.

El amor propio comienza a desarrollarse desde que el niño nace, con los mensajes que va recibiendo de sus padres o de quienes le estén criando en esos primeros cinco años. Todos esos mensajes recibidos en la infancia se van sumando a los que recibe en la interacción con otros cuando después de esos primeros años que está en el hogar, se expone más a otras personas y escenarios como la escuela. Al exponerse a otra gente, cada quien decide, ya sea de manera consciente o inconsciente, aceptar o rechazar los mensajes que recibe en su interacción social hasta que llega a formar un concepto de sí mismo que puede ser modificado (para bien o para mal) en el transcurso de su vida.

Esa primera fase del desarrollo de nuestra estima es fundamental y, por la misma importancia que tiene, dirige a pensar a muchos en lo siguiente: «¿Qué puedo hacer si los comentarios y el trato que me dieron desde que nací fueron negativos, si recibí maltrato físico y emocional, si me dijeron que al nacer les dañé la vida a mis padres, si me dijeron que iba a ser siempre una basura, si me afirmaron que no hacía nada bien, que sería un fracasado?». Si tu base de apreciación y de valorarte a ti mismo no existió porque fue sustituida por comentarios muy negativos y denigrantes, quiero que interiorices que la autoestima se construye, y así como se construye se puede desaprender lo negativo para aprender lo positivo y lo maravilloso que Dios dice de ti.

Fíjate en cada uno de los versos que te voy a citar para que veas lo que Dios afirma de cada uno de nosotros, para que te des cuenta de que lo importante no es quién te crió, sino lo que diga quien te creó. Por lo general, los padres dan y dicen a sus hijos lo que a ellos les dieron y les dijeron, pero Dios es perfecto, no tiene conflictos ni problemas del pasado ni complejos que le afecten. Él nos ama incondicionalmente, nos perdona, nos quiere ver felices y siempre nos tratará con dignidad independientemente de quiénes seamos. Veamos las citas: «Te conocía aun antes de haberte formado en el vientre de tu madre; antes de que nacieras, te aparté y te nombré mi profeta a las naciones» (Jeremías 1.5).

Es hermoso que entendamos que independientemente de cuál haya sido nuestra herencia familiar, lo más importante es que Dios nos conoce aun desde antes de haber sido concebidos por nuestros padres. En el caso de este versículo, habla de Jeremías y dice que lo apartó y lo nombró profeta. En mi caso también me amó, me apartó y me nombró para pastora y consejera, ¿y en tu caso? ¿Sabes cuál es el propósito de Dios para tu vida?

En la Biblia dice: «¿Cuánto cuestan dos gorriones: una moneda de cobre? Sin embargo, ni un solo gorrión puede caer a tierra sin que el Padre lo sepa. En cuanto a ustedes, cada cabello de su cabeza está contado. Así que no tengan miedo; para Dios ustedes son más valiosos que toda una bandada de gorriones» (Mateo 10.29–31).

Dios nos dice que tiene tanto cuidado de nosotros que hasta los cabellos de nuestra cabeza están contados, por eso nos exhorta a no tener miedo, porque somos más valiosos que toda una bandada de gorriones. Si Él tiene especial cuidado de las aves, cómo va a dejar solos al hombre y a la mujer que creó con tanto amor y dedicación.

Pero ahora, oh Jacob, escucha al Señor, quien te creó. Oh Israel, el que te formó dice: No tengas miedo, porque he pagado tu rescate; te he llamado por tu nombre; eres mío. Cuando pases por aguas profundas, yo estaré contigo. Cuando pases por ríos de dificultad, no te ahogarás. Cuando pases por el fuego de la opresión, no te quemarás; las llamas no te consumirán. (Isaías 43.1–2)

Sustituye el nombre de Jacob con el tuyo y ahora lee el versículo nuevamente. ¡Qué ternura la de Dios! Nos ama porque Él mismo nos creó y nos dice que no debemos tener miedo, sino confiar en Él porque aunque pasemos por las aguas profundas de la vida, Él estará con nosotros siempre. Cuando pasemos por los ríos de las dificultades, no nos ahogaremos, y cuando llegue el momento del fuego de prueba, no nos quemaremos porque tenemos un Padre celestial que se ocupa de nosotros.

«Miren con cuánto amor nos ama nuestro Padre que nos llama sus hijos, ¡y eso es lo que somos! Pero la gente de este mundo no reconoce que somos hijos de Dios, porque no lo conocen a él» (1 Juan 3.1). Este versículo afirma que nuestro Padre nos ama tanto que nos llama sus hijos a todos los que le conocemos. Quienes no entienden que somos sus hijos es porque no le conocen a Él.

«El Señor detesta a los orgullosos. Ciertamente recibirán su castigo» (Proverbios 16.5). Aquí nos habla de cómo los orgullosos no agradan a Dios. Así que valorarse es ser dignos porque Dios nos creó y Él no hizo a unos más importantes que a otros. No importa cuán lejos lleguemos en la vida, siempre debemos estar conscientes de que no valemos por lo que logramos ni por lo que tenemos ni por lo que hacemos. Valemos porque somos creación bella de Dios.

La autoestima se construye día a día, no es un acto dejado a la suerte. Desarrollar una autoestima saludable no implica que seas mejor que los demás, quiere decir que pienses de ti con prudencia. La definición de autovaloración la encontramos en la Biblia:

Basado en el privilegio y la autoridad que Dios me ha dado, le advierto a cada uno de ustedes lo siguiente: ninguno se crea mejor de lo que realmente es. Sean realistas al evaluarse a ustedes mismos, háganlo según la medida de fe que Dios les haya dado. Así como nuestro cuerpo tiene muchas partes y cada parte tiene una función específica, el cuerpo de Cristo también.

Nosotros somos las diversas partes de un solo cuerpo y nos pertenecemos unos a otros. (Romanos 12.3–5)

Ser prudente implica reconocer nuestras virtudes y nuestras debilidades; nuestras destrezas y nuestras carencias. Tener un concepto equilibrado de quienes somos. Es no competir con los demás sino con nosotros mismos. Porque cada uno de nosotros fue creado con diferentes dones, no para competir unos con otros, sino para que cada uno desarrolle los talentos al máximo para el beneficio nuestro y el de todos. De esa forma nos necesitamos unos a otros y colaboramos los unos con los otros.

Todo triunfador debe ser cada día mejor, aceptar que no es autosuficiente totalmente ni lo sabe todo, sino que se nutre también de los demás. Es crear conciencia de que todos somos importantes y tenemos mucho que aportar. Eso significa pensar con prudencia de nosotros mismos.

Si descubres que no te has valorado lo suficiente, puedes construir una autoestima saludable. Para lograrlo debes analizar tus fortalezas y debilidades. Descubre cuáles son las capacidades que han estado ocultas en ti hasta ahora, tal vez porque has quedado fijándote solo en cómo se levantan tus «defectos» como muros que cada vez son más altos y más difíciles de escalar. No te has dado cuenta de que el Dios que te creó, te hizo a su imagen y semejanza. Esto quiere decir que tienes la capacidad creadora de Él. Significa que puedes superar tus debilidades y desarrollar al máximo todas las capacidades con las que Dios te dotó al nacer. Recuerda siempre que si el mismo empeño que muchas personas ponen en destacar sus «defectos», lo pusieran en ver sus capacidades y talentos, tendrían la autoestima por el cielo y lograrían todos sus sueños.

Comienza a practicar algo que hayas temido hacer hasta ahora y disfruta de la sensación de logro que se produce cuando conquistas un temor. Cada vez que vences una debilidad o un imposible, subes un escalón en la escalera de la autoestima. Mientras más alta tengas la autoestima, más insignificantes verás las imposibilidades y más verás manifestado el poder de Dios.

Lo más importante de todo para que puedas aprender a apreciarte y a amarte es comprender que eres muy valioso, independientemente de los mensajes que recibiste, de los padres que tuviste o los que dejaste de tener. Dios te dice: «Aunque mi padre y mi madre me dejaran, con todo, Jehová me recogerá» (Salmos 27.10, RVR1960).

En medio de la orfandad que puedas haber vivido, tienes un Padre que te ama y te quiere bendecir, acércate a su presencia y valórate.

## REFLEXIONEMOS...

1. ¿Qué significa autoestima?
2. ¿Cómo se forma la autoestima?
3. ¿Depende tu valor de lo que tienes o de tu profesión?
4. ¿Por qué es tan importante que te sepas valorar?
5. ¿Qué significa ser prudente?
6. De acuerdo a la Biblia, ¿qué piensa Dios de ti?

RETO: *Valórate siempre por lo que eres, no por lo que tienes o lo que llegues a alcanzar.*

# CAPÍTULO 22

# DECÍDETE A TRIUNFAR...
## ¡ABANDONA LA DEPRESIÓN!

*¿Sabías que la depresión es como estar muerto en vida? ¿Sabías que* cuando estamos sumidos en la depresión, el tiempo se nos escapa y lo perdemos para siempre, porque no lo volvemos a recuperar? ¿Sabías que cuando vienen situaciones difíciles, aunque nos acostemos en el sofá de la depresión, los problemas no se resuelven, se agudizan? ¿Sabías que la depresión es un escape a la realidad?

A pesar de todos los adelantos que existen para aminorar el dolor en las personas, la depresión se ha convertido en el mal de nuestro siglo. Si consideramos algunos de los sinónimos de la palabra depresión que aparecen en el diccionario (agujero, hoyo, hundimiento, bajón, debilidad, decaimiento y caída), veremos que todos nos llevan a pensar en cautividad e impotencia. Es como ir caminando por la vida en un día de primavera con un sol radiante y muchas flores, donde todo te sonríe, y de pronto caerte en un hueco inesperado y no tener las fuerzas para levantarte y salir de ese abismo. La depresión no es otra cosa que esa impotencia y esa falta de esperanza que las personas sienten ante un evento inesperado y triste que llega a su diario vivir. Frente a esa incapacidad para encarar la realidad, deciden escapar de ella, para irse a vivir al mundo emocional del sufrimiento y el lamento donde se perpetúa el dolor y no se ven posibles soluciones. En el mundo de la depresión, la gente permanece inerte.

No obstante, eso no debe ni tiene que ser de esa manera. Como ya he señalado, las personas no se ahogan porque haya mucha agua, se ahogan porque no saben nadar. La gente no cae en depresión porque tiene un problema grave, las personas entran en el mundo de la depresión porque no se han fortalecido a través de su vida para enfrentar situaciones difíciles. El doctor Daniel G. Amen, psiquiatra, neurocientífico y experto en imágenes cerebrales en su libro, *Cambia tu cerebro, cambia tu cuerpo*, explica por qué algunos se descontrolan en momento críticos como la pérdida de un ser querido, la pérdida de un empleo o el divorcio, y se refugian en el alcohol, las drogas o en la comida hasta caer en una depresión, mientras otros pasan la prueba difícil y pueden continuar con una vida sana.

Él afirma que después de veinte años de observar escanogramas ha llegado a la conclusión de que esas diferencias tienen que ver con lo que él llama la reserva cerebral. Lo que define como el colchón protector del funcionamiento sano del cerebro, que nos sirve para abordar situaciones o heridas graves. Nos dice que mientras mayor es la reserva, mejor podemos afrontar lo desconocido, y mientras menor, más difícil es desenvolverse en tiempos difíciles y superar heridas graves. Él explica que la mayoría de las personas al nacer tienen la misma cantidad de reserva cerebral, pero a partir de ese momento, hay muchas cosas que pueden aumentar o disminuir el nivel de reserva. Si la madre usó marihuana o bebió mucho whisky es probable que el hijo tenga menos reserva cerebral. Si cuando adolescente la persona se cayó del tejado, sufrió violencia doméstica siendo niño, o abusó de las drogas y el alcohol, también es probable que disminuya su propia reserva. Él afirma que cualquier conducta que dañe el cerebro reduce nuestra reserva cerebral.[1]

Por otra parte, si una madre sigue una dieta sana, toma un complemento vitamínico diario y medita todos los días, probablemente incremente la reserva de su bebé. Daniel Amen añade que si nos criamos en un hogar en el que se respiraba cariño, si de pequeños estuvimos expuestos a muchas situaciones de aprendizaje, y siempre estuvimos alejados de las drogas y el alcohol, estimulamos nuestra reserva cerebral. Por tanto, cuando la reserva cerebral es grande, aumenta la capacidad que la persona tiene para recuperarse de las crisis, de acuerdo a este psiquiatra.[2]

He ahí la evidencia científica para vivir alejados de lo que daña nuestro cuerpo, y todo lo que lo daña es lo que Dios nos recomienda que no hagamos. Además de las observaciones de este neurocientífico, ya habíamos considerado en otros capítulos la plasticidad del cerebro para aprender y desaprender durante toda la vida. Al igual que el cerebro es ayudado en momentos de crisis por sus reservas, el hombre y la mujer necesitan tener reservas espirituales archivadas para fortalecer la fe y la esperanza. De este modo, cuando lleguen los momentos de crisis, o como yo digo en la iglesia, «nuestras dosis de dolor», podamos tener las herramientas necesarias para enfrentarlos y continuar una vida sana sin caer en depresión.

¿Cómo mejoramos el funcionamiento del cerebro para poder disfrutar de una vida sana? Algunas de las recomendaciones que hace el doctor Daniel Amen son las siguientes:

- Seguir una dieta sana.
- Tomar vitaminas, minerales y aceite de pescado a diario.
- Ejercicio físico.
- Dormir un mínimo de siete horas.
- Meditar.
- Ser agradecido.
- Mantener equilibradas las hormonas como el estrógeno y la testosterona.[3]

Así como podemos comenzar a experimentar otro estilo de vida en el que fortalezcamos nuestro cerebro, necesitamos fortalecer también nuestra vida espiritual. Por lo general muchos no se acuerdan de que esta parte de su vida existe y la dejan en el olvido. Cuando llega el momento difícil, su espíritu está enclenque, desnutrido para hacerle frente a la tormenta de la vida que enfrentan y ahí caen en el agujero profundo de la depresión.

Si ya conocemos por qué se cae en esta terrible enfermedad, debemos aprender cómo no sucumbir ante este trastorno anímico. Es imperante reconocer, no solamente a nivel intelectual, sino a nivel espiritual, que ningún problema es eterno y que no existe nada que Dios y nosotros no podamos resolver. Es imprescindible tener en cuenta que los momentos tristes llegan, que debemos validar los sentimientos tanto de tristeza como de alegría, pero no podemos permitir que la amargura haga un nido permanente en nuestro corazón. Cuando la tristeza se aloja, entonces se cumple lo que dice Proverbios: «Para el afligido todos los días son malos; para el que es feliz siempre es día de fiesta» (Proverbios 15.15, NVI). Un mismo incidente le ocurre a personas diferentes; una puede decidir deprimirse y la otra puede optar por resolver o buscar ayuda. La persona deprimida todo lo ve triste y no encuentra salida a su situación, en cambio quien celebra la vida, siempre va a encontrar motivos para estar feliz y para festejar. Esta actitud de relajación le da la oportunidad de ver que Dios está siempre presente con sus brazos extendidos para abrazarle y señalarle el camino que deba seguir. Comienza a contar tus bendiciones en lugar de magnificar tus problemas, para que siempre reine la alegría en tu vida.

La revista electrónica Tendencias21.net publicó un artículo sobre un estudio reciente realizado por investigadores del Rush University Medical Center de Chicago, en Estados Unidos. El estudio revela que creer en Dios ayuda a curar la depresión, porque las creencias religiosas producen una sensación de esperanza que actúa y protege a las personas contra los síntomas de tristeza, melancolía y el sentimiento de vacío que produce la depresión. De acuerdo a una de las autoras del estudio, Patricia Murphy, la fe en un ser compasivo ayuda más que cualquier medicamento.[4]

Este artículo nos reafirma lo que ya nosotros sabemos hace muchos años. Dios nos creó y como criaturas suyas tenemos necesidad de conectarnos con Él. Pero en este mundo en el que muchísimas veces la espiritualidad ha pasado a un último plano, la parte espiritual que ha vivido en el desierto sin ningún tipo de alimentación, queda sedienta de esa comunión con Dios. Por eso el hombre siente un vacío inmenso, siente infelicidad, soledad, de modo que cuando llega la dificultad queda exhausto, fundido y sumido en la depresión. No tiene con qué responder porque su reserva espiritual está vacía. Sin embargo, así como fortalecemos el cuerpo con ejercicios vamos a fortalecer nuestro espíritu con lo siguiente:

- Ora diariamente. «En cuanto a mí, a Dios clamaré; y Jehová me salvará. Tarde y mañana y a mediodía oraré y clamaré, y él oirá mi voz» (Salmos 55.16–17, RVR1960).
- Congrégate en una iglesia en la que se enseñe la Palabra de Dios. «Y no dejemos de congregarnos, como lo hacen algunos, sino animémonos unos a otros, sobre todo ahora que el día de su regreso se acerca» (Hebreos 10.25).
- Lee la Biblia.
- Medita.
- Memoriza versículos que tengan que ver con fe y esperanza.
- Lee libros de superación.

Nuestra actitud marca la diferencia. Cuando nuestros lentes son negros, todo lo vemos negro, mas cuando son transparentes reconocemos la realidad —sea muy alegre o muy triste— pero siempre encontramos la manera creativa de salir victoriosos de los retos de la vida porque tenemos la certeza de que Dios es nuestro ayudador. Atesora esta promesa en tu corazón para que siempre salgas victorioso o victoriosa de toda situación difícil: «Bendice, alma mía, a Jehová, y no olvides ninguno de sus beneficios. Él es quien perdona todas tus iniquidades, el que sana todas tus dolencias; el que rescata del hoyo tu vida, el que te corona de favores y misericordia» (Salmos 103: 2–4, RVR1960).

Fíjate que cada versículo comienza con los elementos imprescindibles para evitar la depresión: bendice; sé agradecido; pídele perdón a Dios; Él te sana, te liberta y te colma de bendiciones.

¡Decídete hoy a confiar en las promesas de Dios! Haz tú lo posible y déjale a Él lo imposible. Una persona triunfadora confía en Dios, busca ayuda, resuelve, pero no se deprime.

## REFLEXIONEMOS...

1. ¿Por qué las personas caen en depresión?
2. ¿Qué recomendaciones hace el doctor Daniel Amen para mejorar el funcionamiento del cerebro?
3. ¿Qué importancia tiene el cultivo de la vida espiritual en la prevención de la depresión?
4. ¿Cómo podemos fortalecer nuestra vida espiritual?

RETO: *Hazle frente a los problemas, no permitas que estos te «traguen» a ti.*

# CAPÍTULO 23

# DECÍDETE A TRIUNFAR...
## *¡NO LE TEMAS A LA VEJEZ!*

*Las personas que triunfan celebramos felices cada año de nuestras vidas* porque sabemos que nuestro valor no depende del cuerpo en que vivimos, sino de la calidad espiritual y emocional que tenemos. Depende de nuestra capacidad de amar y dar ternura, de cuánto enriquecemos a los demás con nuestras experiencias, de cuántas huellas de amor dejamos en nuestro caminar cada año que pasa. Esto sí es valioso, porque el tiempo no lo deteriora, lo enriquece.

Vivimos en una época en que se glorifica y se exalta la juventud, mientras que se rechaza, se desprecia y se deshonra la vejez. Por eso vemos que la cirugía plástica ha ganado una popularidad impresionante y cada vez son más las mujeres y los hombres que se someten a ella con tal de lucir más jóvenes, aunque en su interior estén llenos de amargura y frustración. Si buscas en cualquier diccionario de español, verás la definición de *vejez*: «último periodo

de la vida, edad senil».[1] Si continúas tu búsqueda de lo que significa *senil*, verás que se define como: «decadencia física o psíqui-
ca»,[2] pero si insistes en descubrir el significado que se le ha dado a
la palabra vejez y buscas sus sinónimos, caerás de bruces al suelo
cuando leas los siguientes vocablos: vetusto, viejo, senil, caduco,
decrépito, vejestorio, provecto, matusalén. A esto le podemos aña-
dir que la palabra viejo la usamos con frecuencia para referirnos a
aquellas cosas que nos resultan inservibles y que, por ende, las
echamos a la basura. Es común escuchar que alguien diga: «Lo voy
a arrojar a la basura porque ya está viejo y feo». Por tanto, con el
tiempo, la palabra *viejo* ha adquirido una connotación despectiva,
cuando en realidad es el vocablo correcto para designar una etapa
de la vida que debería considerarse como un periodo hermoso y de
máxima realización. En Puerto Rico se hizo una campaña de con-
cienciación para usar la palabra viejo en lugar de anciano, con la
intención de que el vocablo viejo tuviese la misma dignidad que la
palabra joven cuando se refiere a las personas de menor edad. ¿Por
qué decir anciano como queriendo ocultar la vejez, si cada etapa de
la vida tiene importancia?

Después de investigar la palabra vejez en el diccionario, ¿quién
querría ser viejo? Creo que ninguna persona quiere ser decrépita o
senil ni convertirse en un vejestorio. A esto habría que añadirle que
socialmente, en el caso de la mujer, se le considera como un ador-
no y, con esas definiciones, ¿quién va a querer a una vieja de ador-
no? Sin embargo, se dice que en el hombre las canas y la edad lo
hacen interesante. Fíjate, por ejemplo, que en los noticieros de televisión puede haber «viejos», pero por lo general no hay «viejas». Si
hay mujeres de mayor edad, deben haberse hecho los suficientes
arreglos para que luzcan jóvenes. En los concursos de belleza

también las muchachas se hacen infinidad de arreglos. Y es que sobre la mujer recae siempre la presión de lucir joven y bella a cualquier precio, no solo en el mundo del espectáculo, sino también en el plano de la vida privada. Prueba de ello son las mujeres que han muerto al someterse a cirugías plásticas o liposucciones con médicos no calificados, pero que le hacían el trabajo por el poco dinero que ellas tenían.

¡Qué bueno que el amor de Dios es incondicional! Él nos enseña a través de su Palabra, que aunque el exterior de las personas se va desgastando y envejeciendo, el interior se va renovando.

Es por esto que nunca nos damos por vencidos. Aunque nuestro cuerpo está muriéndose, nuestro espíritu va renovándose cada día. Pues nuestras dificultades actuales son pequeñas y no durarán mucho tiempo. Sin embargo, ¡nos producen una gloria que durará para siempre y que es de mucho más peso que las dificultades! Así que no miramos las dificultades que ahora vemos; en cambio, fijamos nuestra vista en cosas que no pueden verse. Pues las cosas que ahora podemos ver pronto se habrán ido, pero las cosas que no podemos ver permanecerán para siempre. (2 Corintios 4. 16–18)

Por tanto, no hay razón para desanimarnos según van pasando los años, porque no importa lo que pase con lo físico, lo espiritual se renueva, crece y florece. A pesar de las tribulaciones o situaciones que podemos experimentar en este mundo, nada se compara con la eternidad en la presencia de Dios. La belleza, lo que percibimos por nuestros sentidos, termina, pero las cosas que no se ven son eternas. Hay más promesas que nos estimulan a disfrutar de todas las etapas de nuestra vida incluyendo la vejez: «Él da esfuerzo al cansado, y multiplica las fuerzas al que no tiene ningunas. Los muchachos se fatigan y se cansan, los jóvenes flaquean y caen; pero los que esperan a Jehová tendrán nuevas fuerzas; levantarán alas como las águilas; correrán, y no se cansarán; caminarán, y no se fatigarán» (Isaías 40.29–31, RVR1960).

Nos dice que el deterioro corporal no es cuestión de vejez porque aun los jóvenes se cansan, se fatigan, tropiezan y se caen, pero para los que confían en Dios hay una promesa preciosa. Explica que Él renovará sus fuerzas, volarán como las águilas (muy alto), correrán y no se fatigarán; caminarán y no se cansarán. Cuando comparo la definición de la palabra vejez que ofrece el diccionario, con la promesa tan bella que Dios nos hace, prefiero olvidarme de lo que dice el diccionario y aferrarme y confiar en la Palabra divina.

Mientras la sociedad insiste en lo exterior, Dios insiste en el interior del ser humano y nos asegura que cuando estamos en su presencia nuestra esencia interna se renueva día a día. Con las cirugías plásticas llega un momento en que ya no nos queda nada más que estirar, así que si no permitimos que Dios nos haga una cirugía del alma, los estirones físicos serán en vano. Un corazón en paz con Dios, consigo mismo y con los demás, embellecerá nuestro rostro, aunque tengamos cien años. Cuando la presencia de Dios nos cautiva (no la religiosidad externa), permanecemos entusiasmados, alegres, creando nuevas ideas, no importan los años que vivamos, esta alegría se proyectará en nuestro rostro.

¿Por qué querer seguir compitiendo con los jóvenes? De la misma manera que el vino adquiere más valor cuando se añeja, debemos pensar que según aumenta nuestra edad vamos ganando más experiencia y adquiriendo más conocimiento. A mis sesenta y un años me siento entusiasmada por la vida, sigo soñando y trabajando para alcanzar otras metas, y me siento feliz de lo que soy y cómo soy. No he perdido el gusto por arreglarme y lucir bonita, pero no vivo compitiendo con las más jóvenes, ni estoy frustrada porque dentro de nueve años me convertiré en una setentona. Eso sí, me esmero por seguir siendo ágil (todavía corro bicicleta). Le doy gracias a Dios porque renueva mis fuerzas y hasta el último minuto de mi vida voy a tener un sueño por cumplir. Mi espíritu se mantiene joven, los que me advierten que he envejecido son el espejo y la gente con sus clasificaciones de niño, joven o viejo.

La vejez es una etapa de la vida que nos llega a todos, ¿por qué forcejear con ella, si de todas formas corre tan ágil que siempre nos va a alcanzar? Disfrutémosla con dignidad y alegría. Lo importante es que nuestro corazón no envejezca y que siempre mantengamos una actitud jovial y entusiasta frente a la vida.

¡Tú decides si vas a envejecer por fuera y por dentro! Hace muchísimos años me di cuenta de que no puedo evitar el envejecimiento externo, pero en mi interior siempre puedo vivir en una eterna primavera, disfrutando de la variedad de flores y colores que nos trae cada día.

La persona triunfadora en lugar de frustrarse por la cantidad de años que se van acumulando, va apreciando y valorando el cúmulo de experiencias vividas para continuar soñando, creando y viviendo hasta que Dios le llame a su presencia.

## REFLEXIONEMOS...

1.  ¿Por qué las personas le temen a la vejez?
2.  ¿Por qué las cirugías estéticas están de moda?

3.  ¿Por qué muchos saben lo último en tecnología, pero no se
    conocen a sí mismos?

4.  ¿Por qué la gente se victimiza?

5.  ¿Cómo vencemos las circunstancias?

6.  ¿Cuándo nos convertimos en triunfadores?

RETO: *Identifica dónde está puesto tu amor para que te des cuenta sobre qué base estás construyendo tu vida.*

# CONCLUSIÓN

*El hombre y la mujer de hoy viven en una perpetua insatisfacción que* busca llenar con logros materiales, adicciones, comunicación virtual con desconocidos y con todo lo que les aleje de comunicarse con ellos mismos, porque desconocen cuál es su verdadera identidad: somos creación de Dios y nos convertimos en sus hijos cuando aceptamos que somos pecadores y que Cristo murió por nuestros pecados. Esa insatisfacción lleva a las personas a pensar que para ser felices necesitan trabajar para hacer millones al precio que sea, y así definir su identidad por medio de artículos que se asocian con marcas reconocidas: relojes, vehículos, casas lujosas y todo lo que les mejore la apariencia. Con todo y eso siguen marcados por la infelicidad, buscando ese algo que les hace sentir triunfadores. Ese triunfo lo asocian siempre con dinero, poder y estatus social, pero son más los que luchan por tener cosas que los que se esfuerzan por edificar su vida interior.

No obstante, es importante señalar que cuando nuestro ser interior está en orden y le asignamos el justo valor a lo que nos rodea, prosperamos no solo espiritualmente, sino también desde el punto de vista emocional y material. Debo dejar bien claro que no estoy en desacuerdo en que prosperemos materialmente; si nos convertimos en millonarios sin poner nuestro amor en el dinero y sin que este sea el que nos defina, qué bueno, ¡cuánto podremos hacer para desarrollar proyectos en beneficio de todos!

El consejo de Dios para triunfar en la vida lo encontramos en la Biblia: «Busquen el reino de Dios por encima de todo lo demás y lleven una vida justa, y él les dará todo lo que necesiten» (Mateo 6.33).

Es importante señalar que la palabra triunfo le fascina a la mayoría de las personas. Triunfar tiene un sabor que nos gusta a todos. Si entrevistásemos a cien personas y les preguntásemos si quieren ser triunfadoras, la mayoría diría que sí. Pero si a esas mismas personas les preguntáramos cuántas están dispuestas a hacer todo lo que sea necesario para alcanzarlo a la manera de Dios, la cantidad disminuiría dramáticamente. Porque muchos quieren la gloria, pero no quieren la historia. Dejar atrás una historia triste marcada por el maltrato y el dolor para transformarla en una de éxito no es un asunto fácil, pero sí es posible. Exige determinación, compromiso, constancia, carácter y la firme determinación de decidir que sí lo vas a lograr.

El problema es que vivimos en una sociedad que provee tantas distracciones que las personas caminan distraídas por los ruidos de la vida diaria, sin apartar el tiempo necesario para meditar e indagar dentro de ellas mismas sus procesos, sus frustraciones y conflictos. Muchos conocen cuál es el último teléfono, la última computadora y lo más adelantado en el mundo tecnológico, pero no saben ni quién es su Creador. Solo conocen quiénes son sus padres terrenales y qué errores cometieron al criarlos. Viven enfocados recreando su triste historia de debilidades y carencias, sin percatarse de que somos un milagro de vida. La insatisfacción y la victimización se originan porque desconocemos quién es nuestro padre. Se crea en el individuo un «pobrecito yo» que lo mantiene atascado en un hoyo de pesimismo sin descubrir la grandeza de Dios y lo que ha hecho por nosotros. Saber que somos creación de alguien más grande y poderoso que nosotros nos alienta, nos anima, nos da las fuerzas para vencer las circunstancias porque no estamos solos, y nos hace conscientes de que somos seres especiales y únicos porque un ser especial no crea nada insignificante. Si además de ser su creación nos convertimos en sus hijos haciéndolo Señor de nuestras vidas, participamos de sus pensamientos porque tenemos la mente de Cristo: «Pues, "¿Quién puede conocer los pensamientos del SEÑOR? ¿Quién sabe lo suficiente para enseñarle a él?". Pero nosotros entendemos estas cosas porque tenemos la mente de Cristo» (1 Corintios 2.16).

Por otra parte, vivir sin tener conexión con Dios hace que el hombre deambule por la vida buscando aquí y allá lo que sacie su felicidad, su soledad y su insatisfacción. El hecho de convertirnos en hijos de Dios ya nos coloca en la línea de los que pueden triunfar. Y digo de los que pueden porque no todos nos convertimos en triunfadores aunque nos convirtamos en creyentes. ¡Cuántos creyentes viven buscando experiencias sobrenaturales, mientras siguen arrastrando una vida emocional y espiritual deficiente! Una vida espiritual plena es la que practica los preceptos divinos y prospera en todas las áreas de la vida diaria que ya hemos mencionado.

El dulce sabor que produce vivir una vida triunfante con determinación y esfuerzo lo saboreamos los que hemos sido capaces de superar nuestra historia pasada, ya sea porque fue deficiente o porque aunque haya sido buena, estamos convencidos de que cada día podemos superar lo que hayamos sido el día anterior. El triunfo no es un lugar donde se llega y ya se acabó el propósito. Triunfar es un estado continuo que se renueva todos los días porque la misericordia de Dios es infinita y cada día podemos seguir perfeccionándonos en su amor para actuar con sabiduría: «¡el fiel amor del Señor nunca se acaba! Sus misericordias jamás terminan [...] sus misericordias son nuevas cada mañana» (Lamentaciones 3.22–23).

Somos triunfadores cuando hemos nacido de nuevo, cuando hemos desarrollado carácter, cuando amamos y valoramos a nuestra familia, cuando hemos sido capaces de escribir una nueva historia con propósitos nobles, cuando logramos un equilibrio entre la vida espiritual, emocional y física, cuando podemos identificar lo que esperamos de la vida y trazamos un plan para lograrlo. Somos triunfadores los que asumimos responsabilidad por nuestros actos y no vivimos culpando a otros de nuestra condición, los que empezamos un proyecto y lo terminamos a pesar de las dificultades, los que sabemos de dónde venimos y hacia dónde vamos, los que tenemos criterio propio y caminamos en los principios divinos sin dejarnos desviar del camino. Somos triunfadores cuando nuestros hijos pueden seguir nuestras pisadas y llegar a ser triunfadores, cuando somos una buena influencia para alumbrarles el camino a otros, cuando sembramos la paz y la comprensión en lugar de la discordia, cuando administramos bien el tiempo, cuando administramos correctamente nuestro dinero, cuando reconocemos nuestras fortalezas y las desarrollamos al máximo. Somos triunfadores cuando podemos identificar nuestras debilidades y las convertimos en fortalezas, cuando amamos a todo el mundo aunque pensemos diferente, cuando proponemos en nuestro corazón superarnos económicamente en lugar de siempre estar confesando que «las cosas están malas», cuando sustituimos las quejas por la acción, cuando en lugar de querer cambiar a otros, hemos determinado cambiar nosotros primero. Somos triunfadores cuando tenemos fe en que las personas pueden cambiar si les enseñamos con amor y con nuestro ejemplo, cuando hemos dejado la crítica y la hemos sustituido por palabras de afirmación porque nos hemos enfocado en lo bueno y no en lo negativo, cuando hemos puesto nuestro amor y pasión en amar a Dios sobre todas las cosas y a nuestro prójimo como a nosotros mismos. Martín Lutero decía: «Lo que el hombre ama, eso es su Dios, porque lo lleva en su corazón, anda con ello día y noche, duerme con ello y despierta con ello; sea lo que fuere: riqueza o dinero, placer o renombre».[1]

¿Qué es lo que más amas en el mundo? ¿Será a ti mismo, al dinero, la fama, tu pareja, tus hijos, tu trabajo, tu cuerpo, tus pasatiempos, tus amistade o a Dios? Lo que amas no es lo que puedes contestar intelectualmente. Conoces lo que más amas cuando escribes en una lista todo lo que hemos enumerado y al lado escribes la cantidad de horas, esfuerzo, atención, entusiasmo, amor y pasión que le dedicas. Ahí verás dónde verdaderamente está puesto tu corazón. Eso en lo que has puesto tu amor es la base sobre la que estás construyendo tu vida.

Aristóteles Onassis, el magnate griego, construyó su vida sobre el dinero y la fama, pero nunca pudo construir una familia porque su amor estuvo en el dinero. El imperio que construyó durante su vida lo destruyó a él y a su familia. Trabajó para tener todo lo que el tiempo destruye a su paso, se vio obligado a dejar su fortuna al morir porque no pudo llevársela, pero no dejó una huella de amor en sus hijos ni en la humanidad. Sin embargo, llenó la expectativa de triunfo de muchos porque su fama trascendió las fronteras y ha provocado innumerables biografías con diversidad de comentarios.

Al leer muchas de estas, pareciera que hasta las debilidades más grandes son exaltadas, y en contraste con eso, pocos son los que hablan de lo que se escondía detrás de la fama y el dinero: el sufrimiento profundo en que vivió y murió su familia.

El propósito de estos ejemplos no es juzgar ni condenar a un hombre, es evaluar sus acciones para que nos miremos todos en ese espejo y aprendamos a caminar hacia el verdadero triunfo con la mirada puesta en nuestro Dios. Él es nuestra brújula en este propósito porque fuera de Él, todo es perecedero. Veamos este comentario sobre la vida de Onassis:

> En el cielo de los supermillonarios pocos han brillado con tanta fuerza (y con luz propia) como Aristóteles Onassis. De una audacia sin límites, seductor, rápido, espléndido amigo y temible adversario, supo atraer sobre sí al mismo tiempo la admiración y el rechazo. Su vida alimentó durante años a la prensa del jet-set internacional, que explotó sus debilidades, y exaltó sus fortalezas, transformándolo en un Midas moderno, que convertía en oro todo lo que tocaba.[2]

Es muy lamentable brillar con fuerza en el cielo de los millonarios en esta vida y no poder brillar en el cielo de Dios:

> No almacenes tesoros aquí en la tierra, donde las polillas se los comen y el óxido los destruye, y donde los ladrones entran y roban. Almacena tus tesoros en el cielo, donde las polillas y el óxido no pueden destruir, y los ladrones no entran a robar. Donde esté tu tesoro, allí estarán también los deseos de tu corazón. (Mateo 6.19–21)

¿De qué nos vale brillar entre los millonarios y perdernos en la oscuridad de nuestra existencia sin poder llegar a tocar el corazón de Dios ni el de nuestros hijos. La vida de los hijos de Onassis fue muy triste y carente de todo lo que no se puede comprar con dinero, porque lo tuvieron todo y no tuvieron nada de lo que realmente perdura en los corazones que se han sentido amados. Los hijos de Onassis pagaron el precio de su éxito económico. Recibieron de todo menos amor. Podemos decir que recibieron regalos y postales en lugar de besos, palabras de afirmación y abrazos.

En otra entrevista que le hicieran a Onassis en 1970, cinco años antes de su muerte, le preguntaron cuáles eran los diez secretos de su «éxito». El título de la entrevista: «Los secretos de alguien que vivió su propia vida: Aristóteles Onassis». En la introducción se dice que el magnate griego llegó a ser uno de los hombres más ricos y poderosos del mundo. Luego de la introducción, Aristóteles Onassis enumera los diez secretos de su «éxito»: cuida tu cuerpo; come ligeramente y de noche; ejercítate; bróncéate; vive en un edificio elegante; si te falta dinero, tómalo prestado; guarda tus problemas para ti mismo; no duermas demasiado y si aspiras a conseguir el éxito, no malgastes tu tiempo leyendo las cosas que han hecho otros.[3]

Las recomendaciones que hace Onassis para lograr el éxito se quedan en el estuche que contiene al ser humano, nuestro cuerpo, pero no tocan el interior del estuche: su ser. Esto es lo que representa el éxito para muchos, pero en medio de todas esas recomendaciones no percibimos felicidad sino soledad, una soledad millonaria. Él mismo lo deja ver en la regla seis.

Estas experiencias tristes no solo la experimentan quienes aman el dinero. También están los que no tienen mucho dinero, pero su amor lo han puesto en los amigos, en los trabajos, en la

Internet, en el deporte o en el Facebook, y causan los mismos estragos que quien puso el amor en el dinero.

Como has visto, la palabra triunfar tiene muchos significados diferentes. Para unos representa tener mucho dinero, para otros significa fama, para otros disfrutar de todos los placeres; pero para nosotros, mi familia y yo, ha representado vivir en paz con Dios, con nosotros mismos, con nuestro prójimo, y desarrollar los talentos que Dios nos ha dado al máximo para estar en una continua superación todos los días de nuestra vida.

Hace solo unos días, al amanecer y abrir mis ojos sentí una paz demasiado especial. No sé por qué repentinamente vinieron a mi mente estos treinta y nueve años de casada y nuestra vida de familia durante todo este tiempo. En segundos, mientras me ponía de pie al levantarme, se agolparon en mi mente todos los recuerdos de mis hijos desde que nacieron hasta el día de hoy. Sus risas, sus juguetes en el piso, las asignaciones, el lleva y trae de la escuela, el tenerle sus comidas preparadas cuando llegaban, el levantarlos en las mañanas y toda la algarabía que representan tres hijos y los padres en una casa.

De repente me di cuenta de que había un silencio total en mi hogar, mi esposo se había ido muy temprano en la mañana y solo quedaba en el desayunador nuestro hijo de veintiocho años que se casa este próximo verano. Fue en ese preciso instante cuando pronuncié las siguientes palabras: «Gracias Dios mío por permitirme vivir en este hogar, por la paz que respiramos, porque no vivimos entre gritos ni maldiciones ni discusiones, porque hemos aprendido a corregirnos sin herirnos, a amarnos aunque a veces pensemos diferente, a resolver los conflictos respetándonos y en beneficio de todos, porque hemos aprendido a perdonarnos los unos a los otros, porque mantener nuestra relación de amor es más importante que «ganar» o tener la razón, porque el dolor de uno es el dolor de todos, porque la alegría de uno es la alegría de todos, porque el tiempo disfrutado vive en nuestro recuerdo y en el presente seguimos construyendo los bellos recuerdos que evocaremos en el futuro. Gracias Dios porque todos te hemos servido desde siempre, porque los yernos y la nuera que se han incorporado a nuestra familia se han unido de corazón, porque nuestros hijos y sus respectivas parejas continuarán esta herencia de amor a Dios y a su familia, porque nuestros nietos recibirán una enseñanza enriquecida con los nuevos aprendizajes que nuestros hijos le añadieron al que nosotros les dimos. Gracias Señor porque nuestro hogar ha sido para todos nosotros un oasis en medio del desierto de esta sociedad en la que se destruyen unos a otros. Gracias porque hoy puedo mirar hacia atrás y sentir el regocijo del deber cumplido, y mirar hacia adelante con el empeño y la decisión de seguir teniendo los grandes sueños que Dios va sembrando en mi corazón para continuar cumpliendo el propósito de Él en mi vida.

Todo este relato de amor y agradecimiento que te he narrado en esta conclusión, parece poesía, pero es real. La felicidad se debe edificar, no sale de la nada. Edificar nuestro carácter y el de nuestros hijos a la semejanza de Jesús, para formar un hogar en el que se respire su amor, cuesta esfuerzo, dedicación, entrega, oración, enseñanzas continuas, ejemplo viviente, negarse a veces a uno mismo, pero se reciben grandes recompensas.

Hoy, después de este recorrido por mi vida en el que he revivido toda mi historia, me siento triunfadora, feliz y satisfecha de haber dejado una huella profunda de amor en mi familia, en todos aquellos con los que he podido compartir personalmente y en aquellos que como tú no he podido conocer, pero que he podido abrazar con las palabras que he escrito en mis libros para que aprendan a ser felices superándose cada día y cumpliendo el propósito de Dios para sus vidas.

La armonía con Dios, conmigo misma y con los que me rodean me lleva a decir como el salmista David:

> Que todo lo que soy alabe al SEÑOR; con todo el corazón alabaré su santo nombre. Que todo lo que soy alabe al SEÑOR; que nunca olvide todas las cosas buenas que hace por mí. Él perdona todos mis pecados y sana todas mis enfermedades. Me redime de la muerte y me corona de amor y tiernas misericordias. Colma mi vida de cosas buenas; ¡mi juventud se renueva como la del águila! (Salmos 103.1–5)

¿Te consideras un triunfador? Si no has superado tu historia, te invito a que comiences a estructurar un plan de acción para lo que quieres lograr, recuerda que los triunfadores no esperan a mañana, ¡comienzan hoy!

# NOTAS

CAPÍTULO 1

1. Norma Pantojas, *Los 31 horrores que cometen las mujeres y los hombres* (Nashville: Grupo Nelson, 2013), p. xi.
2. María Luisa Bombal, *La amortajada* (Barcelona: Seix Barral, 2000), p. 145.
3. Ibíd., p. 115.
4. Ibíd., p. 162.
5. Norma Pantojas, *Lo que pasó, pasó...* (Nashville: Grupo Nelson, 2012), pp. 7–8.

CAPÍTULO 2

1. Ver «Definición de GPS», Diccionario de informática, http://www.alegsa.com. ar/Dic/gps.php.
2. Amado Nervo, «En paz», 1915, en el libro *Elevación* (digitalizado, elaleph.com), p. 26, http://www.edu.mec.gub.uy/biblioteca_digital/libros/N/Nervo,%20Amado %20-%20Elevacion.pdf. El poema pertenece al dominio público.

CAPÍTULO 3

1. Blog Ideas para vivir mejor, «Los 5 lamentos más comunes antes de morir», 30 junio 2012, http://ideasvida.wordpress.com/2012/06/30/los-5-lamentos-mas-comunes -antes-de-morir.
2. Ibíd.

CAPÍTULO 4

1. Luis Puchol e Isabel Puchol, *El libro para conseguir un trabajo mejor* (España: Díaz de Santos, 2004), p. 102.
2. Joe Dispenza, *Desarrolle su cerebro: la ciencia para cambiar la mente* (Buenos Aires: Kier, 2008), p. 328.
3. Ibíd., p. 335.
4. Ibíd., p. 169.
5. Ibíd., p. 170.
6. Ibíd.
7. «Historia», *Diccionario de la lengua española* © 2005 Espasa Calpe, http:// www.wordreference.com/definicion/historia.
8. Dispenza, *Desarrolle su cerebro*, p. 30.
9. Ibíd.
10 Ibíd.

11. Louann Brizendine, *El cerebro femenino* (Barcelona: RBA Libros, 2007), p. 29.

CAPÍTULO 6

1. Libros para niños e ideas para su utilización, «El patito feo, Hans Christian Andersen», 27 octubre 2012, http://librosparaninosyninas.blogspot.com/2012/10/el-patito-feo.html.
2. «Voluntad», *Diccionario de la lengua española*, http://www.wordreference.com/definicion/voluntad.
3. BBC Mundo, «De sirvienta a millonaria: una vida de telenovela mexicana», 5 abril 2013, http://m.bbc.co.uk/mundo/noticias/2013/04/130405_piasecka_heredera_johnson_men.shtml.
4. Jerry Oppenheimer, citado en Ibíd.
5. T. Harv Eker, *Los secretos de la mente millonaria* (Barcelona: Sirio, 2005), p. 23.

CAPÍTULO 7

1. «Triunfar», *Diccionario de la lengua española*, http://www.wordreference.com/definicion/triunfar.
2. Antonio Cruz, *Postmodernidad: el evangelio ante el desafío del bienestar*, (Colección FLET, Barcelona, Terrasa: Clie, 2002).
3. Gilles Lypovetsky, citado en Antonio Cruz, *Postmodernidad*, 2002.

CAPÍTULO 8

1. Alfonso Lockward, *Nuevo diccionario de la Biblia* (Miami: Unilit, 1992), p. 749.

CAPÍTULO 9

1. www.elcastellano.org, «Carácter», Etimología: el origen de las palabras, http://www.elcastellano.org/palabra.php?id=1495.
2. El Nuevo Herald. «Setenta arrestos por fraude al Medicare en Puerto Rico», 23 agosto 2013, http://www.elnuevoherald.com/2013/08/22/1549648/setenta-arrestos-por-fraude-al.html.
3. William James, citado por Bernabé Tierno en *Valores humanos III* (Madrid: Taller de editores, 1994), p. 5.
4. Aristóteles, citado en Dispenza, *Desarrolle su cerebro*, p. 423.
5. Dispenza, *Desarrolle su cerebro*, p. 323.

CAPÍTULO 10

1. Robert Frost, «The Road Not Taken», *Mountain Interval* (Nueva York: Henry Holt, 1920). Usado con permiso.
2. Ibíd.

CAPÍTULO 11

1. Avestruzpedia, «Avestruces», www.avestruzpedia.com.
2. Citado en Néstor Braidot, *Sácale partido a tu cerebro* (Barcelona: Gestión 2000, 2011), p. 33.

CAPÍTULO 13

1. Zig Ziglar, *Más allá de la cumbre* (Nashville: Grupo Nelson, 1995), pp. 63–64.
2. Ibíd., p. 62.
3. Norman Vincent Peale, *Por qué algunos pensadores positivos obtienen resultados poderosos* (Colombia: Norma, 1987), pp. 24–25.

CAPÍTULO 14

1. «Perdonar», *Diccionario de la lengua española*, http://www.wordreference.com/definicion/perdonar.

CAPÍTULO 17

1. «Confiar», *Diccionario de la lengua española*, http://www.wordreference.com/definicion/confiar.

2. Dispenza, *Desarrolle su cerebro*, p. 370.

CAPÍTULO 22

1. Daniel G. Amen, *Cambia tu cerebro, cambia tu cuerpo*, traducido del inglés por Roc Filella (España: Sirio, 2012), pp. 32–34.

2. Ibíd.

3. Ibíd., pp. 41–42.

4. Yaiza Martínez, «La fe en Dios reduce los síntomas de la depresión clínica», Revista electrónica Tendencias21.net, 24 febrero 2010, www.tendencias21.net/La-fe-en-Dios-reduce-los-sintomas-de-la-depresion-clinica-senala-un-estudio_a4144.html.

CAPÍTULO 23

1. «Vejez», *Diccionario de la lengua española*, http://www.wordreference.com/definicion/vejez.

2. «Senil», *Diccionario de la lengua española*, http://www.wordreference.com/definicion/senil.

CONCLUSIÓN

1. Martín Lutero, citado en Robert Jamieson, A. Fausset y D. Brown, *Comentario exegético y explicativo de la Biblia, el Nuevo Testamento* (El Paso, TX: Casa Bautista de Publicaciones), II: 40.

2. Manuel Guerrero, «La historia de un gran emprendedor: Aristóteles Onassis», junio 2001, http://www.gestiopolis.com/canales/emprendedora/articulos/no%2012/Onassis.htm.

3. George Soros, «Los secretos de alguien que vivió su propia vida: Aristóteles Onassis», 28 noviembre 2009, http://4grandesverdades.wordpress.com/2009/11/28/los-secretos-de-alguien-que-vivio-su-propia-vida -aristoteles-onassis/.

# BIBLIOGRAFÍA

Amen, Daniel G. *Cambia tu cerebro, cambia tu cuerpo*. Traducido del inglés por Roc Filella Escolá. España: Sirio, 2012.

BBC Mundo. «De sirvienta a millonaria: una vida de telenovela mexicana», 5 abril 2013, http://m.bbc.co.uk/mundo/noticias/2013/04/130405_piasecka_heredera_johnson_men.shtml.

*Biblia de Estudio NVI*. Miami: Vida, 2002.

*Biblia Nueva Traducción Viviente*. Carol Stream, IL: Tyndale House, 2009.

*Biblia para todos, Traducción en lenguaje actual*. Brasil: Sociedades Bíblicas Unidas, 2006.

Blog Ideas para vivir mejor. «Los 5 lamentos más comunes antes de morir», 30 junio 2012, http://ideasvida.wordpress.com/2012/06/30/los-5-lamentos-mas-comunes-antes-de-morir.

Braidot, Néstor. *Sácale partido a tu cerebro*. Barcelona: Gestión 2000, 2011.

Brizendine, Louann. *El cerebro femenino*. Traducción de María José Buxó. Barcelona: RBA Libros, 2007.

Cruz, Antonio. *Postmodernidad: el evangelio ante el desafío del bienestar*. Colección FLET, Barcelona: Clie, 2002.

Diccionario de informática. «Definición de GPS», http://www.alegsa.com.ar/Dic/gps.php.

Dispenza J. *Desarrolle su cerebro: la ciencia para cambiar la mente*. Traducción de Graciela Perillo. Buenos Aires: Kier, 2008.

Eker, Harv T. *Los secretos de la mente millonaria*. Traducción de Anna Renau Bahima. Barcelona: Sirio, 2005.

Elcastellano.org, «Carácter», Etimología: el origen de las palabras, http://www.elcastellano.org/palabra.php?id=1495.

Fausset, A., R. Jamieson y D. Brown. *Comentario exegético y explicativo de la Biblia: tomo 2, el Nuevo Testamento* (40). El Paso, TX: Casa Bautista de Publicaciones. 2002.

Frost, Robert. «The Road Not Taken», *Mountain Interval*. Nueva York: Henry Holt, 1920. http://www.bartleby.com/119/1.html.

Guerrero, Manuel. «La historia de un gran emprendedor: Aristóteles Onassis», junio 2001. http://www.gestiopolis.com/canales/emprendedora/articulos/no%2012/Onassis.htm.

*La Biblia de estudio MacArthur*. Nashville: Grupo Nelson, 2011.

Libros para niños e ideas para su utilización. «El patito feo - Hans Christian Andersen», 27 octubre 2012, http://librosparaninosyninas.blogspot.com/2012/10/el-patito-feo.html.

Lockward, Alfonso. *Nuevo diccionario de la Biblia*. Miami: Unilit, 1992.

Martínez, Yaiza. «La fe en Dios reduce los síntomas de la depresión clínica», Revista electrónica Tendencias21.net, 24 febrero 2010, www.tendencias21.net/La-fe-en-Dios-reduce-los-sintomas-de-la-depresion-clinica-senala-un-estudio_a4144.html

Nervo, Amado. «En paz», en *Elevación* (1915, digitalizado, elaleph.com), http://www.edu.mec.gub.uy/biblioteca_digital/libros/N/Nervo,%20Amado%20-%20Elevacion.pdf.

Pantojas, Norma. *Lo que pasó, pasó...* Nashville: Grupo Nelson, 2012.

*Los 31 horrores que cometen las mujeres y los hombres*. Nashville: Grupo Nelson, 2013.

Peale, Norman Vincent. *Por qué algunos pensadores positivos obtienen resultados poderosos*. Colombia: Norma, 1987.

Puchol, Luis e Isabel. *El libro para conseguir un trabajo mejor*. España: Díaz de Santos, 2004.

Soros, George. «Los secretos de alguien que vivió su propia vida: Aristóteles Onassis», 28 noviembre 2009. http://4grandesverdades.wordpress.com/2009/11/28/los-secretos-de-alguien-que-vivio-su-propia-vida-aristoteles-onassis/.

Ziglar, Zig. *Más allá de la cumbre*. Nashville: Grupo Nelson, 1995.

# ACERCA DE LA AUTORA

*La doctora Norma Pantojas tiene una maestría en consejería de familia y* un doctorado en consejería cristiana. Por más de veinte años ha sido presentadora de televisión y radio, en los medios más destacados en Puerto Rico, como Telemundo, Nueva Vida 97.7 FM y otros. Desde 1988 ha pastoreado, junto a su esposo, la Iglesia cristiana Hermanos Unidos en Bayamón, Puerto Rico.

Norma Pantojas inició su exitosa trayectoria como escritora en el año 2006, publicando varios libros como *Lo que pasó, pasó... y Los 31 horrores que cometen las mujeres y los hombres*. Norma Pantojas nació en Puerto Rico, está casada con Jorge Pantojas y tienen tres hijos.